忙しい中小企業の経営企画・人事担当者のための

人材力・組織力強化アクションリスト

株式会社コアインテグリティー 代表
清水 裕一

CROSSMEDIA PUBLISHING

はじめに

ＷＯＯＰという、目標達成に有益な法則があります（アメリカの心理学者、ガブリエル・エッティンゲンが提唱）。Wish（願望）、Outcome（結果）、Obstacle（障害）、Plan（計画）という各英単語の頭文字をつなげた言葉です。願望を思い描き、その願望に対する結果を具体的に構想し、次に現実を直視し結果を実現する際の障害とその対処を検討します。そして最後に、障害への対処を考慮しつつ結果を得るための計画を立案します。

ＷＯＯＰは仕事上の問題解決やキャリア形成、プロスポーツや個人的な事柄（人間関係、資産形成、趣味、ダイエット等）に、幅広く使えるものです。

このＷＯＯＰを下敷きに本書は構成されています（第2章から第5章まで）。つまり、この書籍の内容に沿って思考を展開すると、今、この本を手にされているあなたが気にかけている人材や組織の問題が解決できる、または解決に向けたアクションが取れるという仕掛けです。

このＷＯＯＰを用いた構成を含め、本書には以下の５つの特徴があります。

①あなたが気にかけていながらも、なかなか取り組めないでいるかもしれない、人材や組織の問題を解決できる、または解決に向けたアクションが取れる（上記ＷＯＯＰの活用）

②各章末尾の「アクションリスト」（行動のためのリスト）を用いて人材や組織の問題を検討すると、全くの手探りで検討するよりも検討すべき事柄が明確になり時間の節約が図れる（本文を読み、アクションリストを用いて検討するのに必要な時間は、個人差は当然ありますが、最短で半日、長くても数日で済むでしょう）

③人材や組織の問題に取り組む際にほぼ必ず直面する、従業員、管理職、時に経営層からの「抵抗」への、私たち解決を図る側の気持ちの持ち方と、その対処の方向性を明らかにしている

④人材や組織の問題を解決するためのテーマ設定や取り組み内容をガイドしている

⑤研修会社やコンサルティング会社等の外部ベンダーへの依頼前に自社で検討すべき事項、及び、外部ベンダーに相談や依頼をする時のコツ（外部ベンダーの上手な使い方）を明示している

上記5つの特徴全てを満たす書籍は、本書の刊行時点では本書以外には恐らく存在しないと筆者は考えており、「人材や組織の問題解決のために、人材や組織に関する書籍を読み漁ってみたが、どうもしっくりこない」という方に特にお勧めです。

以下で、本書タイトル中のキーワードである、「中小企業」、「経営企画・人事担当者」、「人材力・組織力強化」、「アクションリスト」に関する補足をします。

「中小企業」人材・組織に関する知識やノウハウが、現状よりも、より簡便に提供されてしかるべき

日本の企業の実に98・9％を占める中小企業（中小企業庁。2016年の数字）は、一口に中小企業といっても様々な業種、企業規模、事業フェーズ等があります。本書は、成長または継続的な企業経営を志向する中小企業を想定して書かれていますが、重要なことは、中小企業は、大企業と比べて人材・組織に関する投資がしづらい点と、人材・組織に関するノウハウが大企業に比して活用されていない点です（それらの詳細は第1章、第2章に記載）。

そのような実態を踏まえるに、成長または継続的な企業経営を志向する中小企業には、人材・組織に関する知識やノウハウが、現状よりも、より簡便に提供されてしかるべきだと筆者は考えます。

「経営企画・人事担当者」役割責任を果たすうえで不可欠な、人材や組織の問題を解決するための「武器」を増やす支援をする

まず、経営企画では、人材や組織に関する問題解決は、全社または部署のパフォーマンス向上実現のために、時に避けて通れない重要事項でしょう。市場動向や顧客ニーズに対応または先取りすべく、人材や組織に働きかける必要があるでしょう。

その際に、得てして直面するのは「笛吹けども踊らず」、つまり施策を講じ、かつ関係者に変化を促しても、なかなか変化がみられないという現実です。上述のように、変化を起こそうとするとほぼ間違いなく、従業員、管理職、時に経営層からの「抵抗」が生まれ、よって「抵抗」への対処が必須となります。

人事について、ウルリッチという人が「デリバラブルな（＝価値提供ができている）人事部の役割」として、「戦略のパートナー」、「管理のエキスパート」、「従業員のチャンピオン」、「変革のエージェント」の4つを挙げています。この4つに関する中小企業の現実はどのようなものでしょうか。

「管理のエキスパート」は労務・給与支払や総務的な業務等、確実に遂行されないと支障を来す業務が多いことから、役割を果たしていることが多いと思われます。

「従業員のチャンピオン」は、自社に労働組合がある、ないにかかわらず、従業員の困り事や要望に適切に応えているのであれば、役割を果たしていると言えるでしょう。

では、「戦略のパートナー」、「変革のエージェント」についてはどうでしょうか。日々の業務に追われて、経営課題解決や事業戦略遂行に見合った人材・組織の最適化、変革が後回しになっている例は残念ながらしばしばみられます。

「戦略的人事」なる言葉が世に出て久しいですが、「戦略のパートナー」、「変革のエージェント」であることの要点は、経営・事業の在り方、方向性と人材・組織のありようが統合されていることです。

以上、経営企画・人事(担当者)について言及しましたが、ここまでの内容は、人材や組織の個別具体的な問題を扱うことがしばしばある、事業部長、事業部の担当役員、部付の企画・教育担当者等にも当てはまるでしょう。

経営企画・人事担当者をはじめとする上記の方々には、忙しい中でも、役割責任を果たすうえで不可欠な、人材や組織の問題を解決する「武器」を増やす支援を、本書を通じて行うことを狙っています（第2章から第5章にて詳述）。

「人材力・組織力強化」「物知りになるため」ではなく「実践のため」に、知識・ノウハウを自社の実情に合わせて適切に用いる

本書の全ての章で、人材・組織の問題を解決するにあたり有益な知識やノウハウを適宜記載しています。ただ、本書の主目的はそのような知識・ノウハウの類の詳細な紹介ではなく、「自社の人材や組織の力をいかに高めるか、強くするか」です（その詳細は第1章に記載）。

つまり「物知りになるための本」ではなく「実践者のための本」を念頭において執筆したということです。「アクションリスト」を用いての検討時には、時折、それらの知識・ノウハウに立ち返ると「何をすべきか」に気づくことがあるでしょう。

「アクションリスト」現実を変えるには行動しかない

能力開発や自己啓発の書籍は世に多いですが、信頼に値する書籍ではまずほとんどと言っていいほど、「行動の重要性」が説かれています。「アクションリスト」を本書に採り入れているのは、まさしく「行動こそが重要」という見地からです。

筆者は、現在はコンサルタントという職業に就いていますが、10代の頃から現在に至るまで各種相談を持ちかけられ続けていることから、相談をお請けすることにかけては一日の長があると自負しています。そこで、本書を「まだ見ぬ読者への相談の書」と位置づけています。

本書が、人材・組織を強くしたい、向上させたいと願うあなたにとって有益であれば何よりです。

人材力・組織力強化アクションリスト　目次

第2章 「会社」はどうあればよいのか？

第3章

高い人材力・組織力のイメージング：人材力・組織力強化のための前提と原則

第4章 変革を実行するうえでの障害にプロアクティブに対処する

第5章

外部ベンダー活用による人材力・組織力の強化

第 1 章

コロナ禍で
強烈に浮き彫りになった、
中小企業経営の二極化

二極化、つまりある物事や傾向において片方の極ともう一方の極に振れる特徴が、色々な事象で言われるようになって久しいです。ジニ係数という、所得における貧富の格差を示す指数は世界的に貧富の差が増大しつつあることを示しています。

新型コロナウイルス（COVID－19）の世界的流行とその政治的・医療的対応に基づく、経済・社会生活への影響（以下、「コロナ禍」とする）により、企業経営においても二極化が鮮明になっています。航空産業、宿泊業、外食産業等はその窮状に関する報道が目につきますが、それらの業界のみならず、「医療・介護」、「人材派遣」、「卸・小売」等ではリストラや解雇が増えているという調査結果があります。

2020年は倒産件数こそ低かったものの、「休業・廃業」は前年比で増加し、2021年は、倒産・休業・廃業は一気に増えるという予測もあります。中小企業庁のホームページによると2016年の日本の中小企業数は358万社、小規模企業と中規模企業は併せて全体の98・9％にも及ぶということから、358万社のうちの1・1％を占める大企業の倒産・休業・廃業が大きくメディアに取り沙汰される陰で、極めて多くの中小企業が倒産・休業・廃業の憂き目に遭っていると想像されます。

しかしながら一方で、コロナ禍に関係なく堅調な企業、またはコロナ禍によりニーズが高まったことで好調な企業も存在していることから、中小企業経営に関してもまさに二極化傾向にあると言えるでしょう。

経営・事業に負の影響を与える人・組織の問題

前項では、業種・業界や、倒産・休業・廃業という切り口から中小企業経営の現状に触れましたが、ここでは、「中小企業経営における人材・組織の問題」に焦点を当てます。コロナ禍に関係なく堅調な業界・業種の企業であっても、以下のような人材・組織の問題が企業内に存在する場合は、業績に悪影響を与えるものです。

①思うように人材が採用できない
②実務偏重で、人材育成や組織の維持運用が後手に回りがち
③コンプライアンスに対する意識が全社的に希薄であり、ひとたび問題が公になった場合、その対応にも問題がある
④人材育成や組織の維持運用がうまくいっていないことで、財務基盤・顧客基盤に悪影響を与えている
⑤経営・事業目標のレベルに対して、人材・組織の力が追い付いていない
⑥経営・事業を伸ばす一つの道筋として、人材・組織の力の強化があるという認識が経営層に希薄

以下は、この①から⑥に関して触れていきますが、各問題への解決策は本書全体を通じて取り上げていく内容ですので、各問題にみられる特徴・事象及び想定される原因、そのような問題が起きる会社の傾向を挙げていきます。

①思うように人材が採用できない

人材採用の質・量のいずれかまたは両方がうまくいかないと、「人手不足」、「入社した人材が定着しない」、「職場で人間関係のトラブルが増える」、「中間管理職の負荷増大」等の事象が起きます。その原因としては、「採用したい人材像が不明確またはズレている」、「選考プロセスに問題がある」、「専門性や経験のみで採用・不採用を決めている」等が挙げられます。なお「業務内容がハードである」というのは原因ではありません。年がら年中、中途採用広告を出しているような会社の中にはこのような問題を抱えている会社があります。

②実務偏重で、人材育成や組織の維持運用が後手に回りがち

この項目に当てはまる場合、職場の管理職から、「時間がない」、「人材育成の余裕がない」、「組織の維持運用のために何をすればよいか中間管理職が分かっていない」等の声が挙がるという事象が起きます。その原因としては、「そもそも人材育成を正

しく理解していない（人材育成という言葉が手垢にまみれており、かつ人によりイメージがバラバラ）」、「人材育成をしないことでより中間管理職に負荷がかかることが認識されていない」、「限られた時間の中で効果的に（要領良く）人材育成や組織の維持運用をする方法・手段を知らない」等が挙げられます。これらは人材育成の目的や内容への真摯な検討、定期的な刷新を行っていない会社で起こりがちです。

③コンプライアンスに対する意識が全社的に希薄であり、ひとたび問題が公になった場合、その対応にも問題がある

コンプライアンス違反にはいわゆるパワハラやセクハラも含みますが、「コンプライアンス違反という認識・自覚に乏しい」、「コンプライアンス違反が発覚しても組織的対応が遅い、または取られない」等の特徴があります。一言で言えばコンプライアンスという言葉が形骸化しており、実際に何をすべきか／すべきでないかが不明確なことがその原因です。昔ながらの事業や業務を継続的・反復的に行っていれば存続で

きていた会社や、日常業務が多すぎたり、社内で実権を持っている人（人たち）がコンプライアンスへの意識が希薄な会社で起こりがちです。

④人材育成や組織の維持運用がうまくいっていないことで財務基盤・顧客基盤に悪影響を与えている

人材を採用したそばから退職するような会社（職場）の、顧客対応を担う部署には、「引き継ぎがきちんとなされておらず顧客から不信を買う、トラブルになる」、「有給休暇が満足に取れずに人材が疲弊する」、「中間管理職はトラブル対応に忙殺される」等の特徴がみられます。また、そのような特徴から「採用コストの増加」、「費用管理のずさんさ」等も引き起こし財務的にも悪影響を与えがちです。その原因は、一言で言えば「会社・部署という組織にも一定のコストをかける重要性」が組織ぐるみで認識されていないことです。言い換えれば「働きすぎると身体を壊す」という単純なことが、会社・部署というレベルでは忘れ去られているということです。会社の各種の施策が、財務基盤・顧客基盤・日々の業務等々の諸要因と関連づけられておらず「必要だからやりなさい」ということで、ひたすらすべきことばかりが増えていく会社で起こりがちです。

⑤経営・事業目標のレベルに対して、人材・組織の力が追い付いていない

経営層が「新規事業を起こす」、「新技術を開発する」、「業界ナンバーワンになる」等の大きな（難易度の高い）目標を掲げているのに対して、現実の人材・組織の力がそれに見合っていないことを指しています。「経営層が自社の事業運営の実態・実情を知らない」、「経営層が周囲（特に部下）の言うことに耳を傾けない」、「独裁的な経営層（ある程度のポジションになると退職する人材が増える）」等の特徴があります。その原因としては、「経営層が会社経営の原理原則・メカニズムを知らないか無視している」ことが大いに考えられます。特に、経営層が仕事上の挫折や、組織マネジメ

ントにおける葛藤を知らずに現在の地位にある場合は要注意です。

⑥経営・事業を伸ばす一つの道筋として、人材・組織の力の強化があるという認識が経営層に希薄

経営・事業を伸ばすにあたり、経営・事業に注力するのは正しいのですが、それだけに注力すると、会社が二人以上（つまり組織）になった時点で、経営上・事業上で様々な問題が生じます。「創業者（オーナー経営者）が自身の成功体験に頼って会社経営をしている」、「経営者が事業のことばかりに目を向け、経営資源に関心を示さない」（稀に、そうしてしまった結果、会社資金を腹心と思っていた部下に持ち逃げ、着服されるといった事件が起きたりします）等の特徴があります。その原因としては、「人材・組織の力を強化する担当となる経営参謀（腹心の部下）がいない」ことが大きいですが、多分に経営者（特に創業者であるオーナー経営者）の人柄や性格に起因する場合もあります。

「人材力・組織力強化」という考え方

以上、「経営・事業に負の影響を与える人・組織の問題」（以下６つ）の特徴・事象及び想定される原因、会社の傾向を挙げました。

①思うように人材が採用できない
②実務偏重で、人材育成や組織の維持運用が後手に回りがち
③コンプライアンスに対する意識が全社的に希薄であり、ひとたび問題が公になった場合、その対応にも問題がある
④人材育成や組織の維持運用がうまくいっていないことで、財務基盤・顧客基盤に悪影響を与えている
⑤経営・事業目標のレベルに対して、人材・組織の力が追い付いていない
⑥経営・事業を伸ばす一つの道筋として、

人材・組織の力の強化があるという認識が経営層に希薄

各問題への解決策は本書全体を通じて取り上げていきますが、ここではまず、①から⑥のいずれの問題の解決を図るうえでも重要となる考え方、すなわち「人材力・組織力強化」についてお話しします。

「人材力・組織力強化」とは、「個々人及び組織がそれぞれの役割・職務を全うするうえで必須となる力の強化」を指します。以下は「人材育成」と「人材力強化」との対比により、人材力・組織力強化という見方の重要性をお伝えします。

まず、人材育成という言葉は、先述のように手垢にまみれており、かつ人によりイメージがバラバラな言葉となっていると筆者は考えています。筆者が企業研修やコンサルティングの場面で見聞きしてきた「人材育成」に関するフレーズを以下に列挙します。

・「人材育成には時間がかかる」

- 「管理職になると人材育成をしなければならないのは分かるが、何をしたらよいか分からない」
- 「自分が人を育成するのはおこがましい」
- 「人を育成することで自分（育成を担当する側）も育つ」
- 「（人事制度における）評価制度の運用は人材育成に他ならない」
- 「人材育成は会社の根幹」

こういったフレーズは、いずれも印象や個人的意見の域を出ない表現であると筆者は昔から感じていました。例えば人材育成が会社の根幹であれば、経営的には一定の費用や時間を積極投資するのが筋でしょうが、そうしていない会社も少なくありません。人を育成することで育成を担当する側も育つのであれば、人材育成の経験豊富な上司や企業研修の講師は全て人格者となっていなければ辻褄が合いません。また何より、人材育成は「人を育てる」と読める言葉なので、ややもすると「何のために人材育成を行うか」という点が抜けがちになり、「目の前の人を育てなくては」という意識に囚われてしまうリスクがあると考えています。

一方、「人材力強化」は人材の力を強くするので、「何のための強化なのか」ということが意識されやすいでしょう。この点は「組織力強化」も同様です。人材力強化（組織力強化）は「役割や職務を全うするために人材（組織）の力を高めること」なので、常に役割や職務の内容に立ち返る必要が生じます。そして当然ながら、人材力・組織力強化には、企画側・実施側に、「人材や組織の力が強化されたことにより、経営や事業が成長、安定する」という明確なメリット・見返りがあります。本来、会社の人材と費用を割いて行うのが人や組織に関する各種施策なので、それら施策のメリット・見返りがあるか否かに強くこだわっていきましょう。

人材力・組織力強化に向けた各種知見の積極活用

人材力・組織力強化に有効な考え方や方法のほとんどは、実は学問的・実証的には既に明らかになっていると言っても過言ではありません。例えば、人材が役割・職務を全うする際に重要となる力の一つに「非認知能力（スキル）」がありますが、この「非認知能力（スキル）」の重要性や威力を踏まえて能力開発している会社は、筆者の知るところあまりありません。それは中小企業のみならず大企業においても同様の傾向がみられます。

では、「非認知能力（スキル）」とはどのようなものでしょうか。『私たちは子どもに何ができるのか』（ポール・タフ著、英治出版）では、「『非認知スキル』あるいは『ソフトスキル』と呼ばれることの多い一群の要素——粘り強さ、誠実さ、自制心、楽観主義など」と紹介されています。

この非認知能力は2000年代から注目され始め、特にビジネスにおいては認知能力（ＩＱや学力テストなど、テストにより測定可能とされる能力）よりも、成果やプロセスに与える影響が大きいものとして注目されています。ただし、ビジネスの世界では、ドラッカー（Integrity）、チャルディーニ（影響力の武器：返報性・コミットメントと一貫性・社会的証明・好意・権威・希少性）等、非認知能力を独自の表現で言語化している例は少なくないため、古くて新しいものと言えます。また、論理的思考力、問題解決力、交渉力、リーダーシップ等、ビジネススキルとして取り上げられる能力は非認知能力と考えられます。

先に大企業でも非認知能力の重要性や威力を踏まえて能力開発しているケースはあまりないと述べましたが、これらのビジネススキルに関する企業研修を実施している大企業は多いです。ただ、非認知能力の重要性や威力を真に理解し、能力開発に注力しているかは疑問です。残念ながらとおり一遍の企業研修を実施して終わってしまっているケースも散見されます。

以上、非認知能力（スキル）を、人材力・組織力強化に有効な一つの考え方として取り上げましたが、ここではその重要性や威力について、以下3点を補足します。

①非認知能力（スキル）を「性格スキル」というテーマで研究する専門家や、幼児教育において非認知能力を重視（例：モンテッソーリ教育）している専門家は多い

②業種・職種に求められる専門性は非認知能力を手掛かりにして獲得している。特に、「やり抜く力」はその際に重要

③同じ職業でもコミュニケーション能力が高いほうが収入が高い傾向がある

本書は、これらの非認知能力（スキル）のように、人材力・組織力強化に有効な知見に適宜触れつつ進めていきます。

人材力・組織力強化に取り組めるか否かは、プロジェクトとして開始するか否かによる

人材力・組織力強化に関して、筆者は職業柄、色々な相談や悩みを聞く機会があります。その中で特に印象的だったのは、ある地方都市のブライダル関連の会社からの企業理念を浸透させたいという相談です。

今とは状況が異なり、当時はオンラインでの商談は考えづらい時代だったことと、内容が内容だけに直接面談して相談したい、という先方のご要望もあり、とある九州地区での出張の際に滞在先のホテルのロビーで面談をしました。そのお客様の会社の従業員は総じて正社員として働くことへの自覚や意欲が希薄なので、企業理念の浸透活動を通じて会社を変えていきたいというのが、相談の趣旨でした。そこで筆者がお

伝えしたのは、「プロジェクト（案件）として開始とゴールを明確にしないと、企業理念浸透系の話はなかなかスタートできない」ということでした。お客様はその場では「分かりました」とご返答されましたが、後日、「社内の合意が得られなかったため見送ることにした」という連絡をもらいました。

人材力・組織力強化のための取り組みは、結局、企業においては継続的かつ恒常的なものになるのでしょうが、それまで、あまりその種のことに本腰を入れて取り組んだ過去を持たない会社の場合、先述のブライダル関連企業のような状況に陥りがちです。そこで、どうすれば人材力・組織力強化（のプロジェクト）に取り組めるかに関するガイドを提示します。その際には、先述のブライダル関連企業を架空の例として取り上げていきます。

意思を持った人の存在

人材力・組織力強化のプロジェクトを立ち上げるにあたり極めて重要なのは、意思を持った人の存在です。意思を持っている人というのは、先のブライダル関連企業の例で言えば、「企業理念浸透活動を通じて、従業員の仕事への意識や仕事への取り組みを変えていきたい」という思いや問題意識を持っている人を指します。

一般的には、「もっと○○したい（でありたい）」、「不満や不足等、何かを解消したい」という意思を持っている人がいることが、プロジェクトを立ち上げる際に不可欠な要素です。

Before/Afterの明確化

Beforeとはプロジェクト立ち上げ時の従業員なり会社の状態を指し、Afterとはプロジェクトにより変わった後の従業員なり会社の状態です。Afterはゴール（到達点）とも言えます。重要なことは、BeforeとAfterがそれぞれ明確でないと、プロジェクトにおいて具体的に何に取り組むべきかを描けない点です。

先のブライダル関連企業でいえば「従業員のワークモチベーションや仕事のパフォーマンスが低い状態を、それぞれ会社が求めているレベルにまで引き上げる」ことになります（実際にはもう少し具体的にBefore/Afterを描きます）。

テーマ設定

例えば、先述のブライダル関連企業でいえば、「自社の企業理念を、それぞれの職場や役割に落とし込み、日々の業務で大切にすべき心構えや行動を明らかにしていく」というのがテーマになり、端的に言えばこの場合のテーマは「企業理念の浸透」です。

よくみられる人材力・組織力強化のテーマ例としては、「人事制度の刷新」、「企業研修体系の見直し」、「組織的な営業力強化」等があります。つまり、多少粗くても構わないので、「要は何に取り組むか」を決めます。テーマの詳細は、仮に外部ベンダーに依頼する場合であれば、その段階で詳らかになっていくことが多いので、あまり早い段階から細部まで検討しなくても大丈夫です。

検討ポイントの明確化

設定したテーマに対して、どのような点が検討ポイントになるかを明らかにします。

先述のブライダル関連企業でいえば、以下の点を検討ポイントとして挙げることができます。

- 当の従業員たちは、自分たち自身の仕事ぶりをどのように捉えているか
- 当の従業員たち自身が業務に関して困っていることや悩みはないか（あるとしたらどのような内容か）
- 現在の従業員の仕事ぶりが、顧客にどのような印象や影響を与えているか
- 自社の業績にどのような影響を与えているか
- Before/Afterの成果を得るまでに、どの程度の期間を割くことができるか
- 自社で割ける資源（人材や費用）はどの程度か
- プロジェクトとして進めるにあたり、社内外の関係者は誰か
- どのような点がプロジェクトを進めるうえでの障害となるか

以上、意思を持った人の存在、Before/Afterの明確化、テーマ設定、検討ポイントの明確化の4点が満たせれば、あとは社内決裁の手続きを経てプロジェクトを開始することができます。

プロジェクトというのは、その性質上、期間や費用、取り組み内容や求める結果(Before/AfterのAfter)が明確なので、通常業務と並行して進めることが可能となります。ただし、実際にそのプロジェクト——人材力・組織力強化の取り組み——を成功させられるか否かは、やはり人材や組織に関する各種の知見に基づく取り組み内容や、従業員への働きかけ方によって変わります。第2章以降では、人材力・組織力強化の取り組みを成功させるうえで、「意思を持った人」が押さえておくべき考え方や方法を詳細に取り上げていきます。

第1章 まとめ

中小企業経営が外部環境の激変により二極化傾向を示していく中、経営・事業に負の影響を与える人・組織の問題を解決する重要性が従来以上に増している。そこで、学問的・実証的に裏打ちされた各種知見を用いる「人材力・組織力強化」のプロジェクトを発足させ、本気で人・組織の問題を解決すべき

人材力・組織力強化アクションリスト❶

以下のリストに合致する内容が一つでもあれば、「人材力・組織力強化」のプロジェクト発足を、第2章以降の内容を参照しつつ、本気で検討してみましょう

- □ 以下6つの問題のいずれかまたは複数について、自社内で解決の必要に迫られている。
  ①思うように人材が採用できない
  ②実務偏重で、人材育成や組織の維持運用が後手に回りがち
  ③コンプライアンスに対する意識が全社的に希薄であり、ひとたび問題が公になった場合、その対応にも問題がある
  ④人材育成や組織の維持運用がうまくいっていないことで、財務基盤・顧客基盤に悪影響を与えている
  ⑤経営・事業目標のレベルに対して、人材・組織の力が追い付いていない
  ⑥経営・事業を伸ばす一つの道筋として、人材・組織の力の強化があるという認識が経営層に希薄
- □ 「人材力・組織力強化」を「何のために行うか」という目的が明確にある
- □ あなた自身かあなたに近しい社内の人が、「意思を持った人」である
- □ 「人材力・組織力強化」に関するBefore/After、テーマ、検討ポイントが部分的にでも言葉にできる状態である

第 2 章

「会社」は
どうあればよいのか？

「会社の理想の姿」を真摯に考えてみる

ビジネススキルの一つである問題解決思考では、「あるべき姿・現状・あるべき姿と現状のギャップ」の3点を描くことが、まず重要とされています。第1章の内容を読んで、人材力・組織力強化に取り組もう、と読者であるあなたが気持ちを固めたとしても、一旦は目先の問題から離れ、この先変えていくことになる「会社」への検討を深めておきましょう。では、企業の経営において、会社のあるべき姿、理想の姿はどのようなものなのでしょうか。会社の理想の姿を考えるにあたり、まずはいくつか検討のための素材を出してみたいと思います。

国の施策の中には、従業員の雇用に対して何らかの優遇措置（減税や補助金交付等）を講じているものがあることから、国・政府としては「企業という社会的存在は従業員を雇用しているのが望ましい」というスタンスなのでしょう。一方で、最近は小規模なビジネス（スモールビジネス）の流れがみられますが、スモールビジネスでは従業員の雇用は限定的になるでしょう。

「企業は株主価値の追求が一番重要なのか、それとも地域社会や従業員との関係性維持や深耕が一番大事なのか」についての研究があります。そこでは、イギリスとアメリカは株主価値の追求に、ヨーロッパ諸国や日本は地域社会や従業員との関係性維持や深耕に、それぞれ重きを置いている、という結果が出ています。

「会社の理想の姿はこうだ！」とは一概には言い難いと、ここまでの内容だけでも思えてきます。本書は、中小企業の人事・経営企画の責任者を直接の読者として想定していますが、もしも、あなたが中小企業、しかもオーナー企業の社長だとしたら、あなたは会社の理想の姿をどのように描きますか？

「会社の理想の姿」とは一概にこうである、とは言えないものの、株式会社の場合、その性質上、収益性・成長性・継続性を満たすことが重要と言えるでしょう。株式会社とは簡単に言えば株式を出資した資本家に対して一定の利益還元（配当）を行うことを前提にしています（ここでは株式の基本的な性質に絞って論じます）。収益性に関しては、市場での商品・サービスの売買が必須であり、かつ通常の市場には競合となる企業が存在することから、いかに収益性を維持向上させるかは、通常、株式会社に課せられていると考えられます。そして、成長性については、少なくとも競合に負けない程度に商品・サービス力を向上させること、及び、商品・サービスの提供能力を高める等が求められているでしょう。さらに、顧客に対して商品・サービスを提供する主体として、一定の継続性が顧客から求められます。以上より、株式会社の経営にとって収益性・成長性・継続性は重要と言えるでしょう。

「会社の理想の姿」の詳細にはこれ以上本書では立ち入らないものの、あなたの会社が株式会社であれば「収益性・成長性・継続性」を満たす「会社の理想の姿」を言葉で明確にすることを強くお勧めします。そして、本書の主題である人材力・組織力強化にあたり、「会社の理想の姿」と整合を取るべく、「収益性・成長性・継続性」を牽引または下支えするような施策を実施することも併せてお勧めします。人材や組織の問題では、ややもすると「その施策が収益性・成長性・継続性に何らかの寄与をするのか」という観点が忘れられる傾向があるだけに、あえて付言します。

「理想の姿」と現実のギャップの実例

自社の将来像が「言葉だけ」になっていて困っている、という声がしばしば各所で聞かれます。それは「会社の理想の姿」の実現と関連する事柄なので、以下、実例を挙げつつ「どうしたらよいか」を整理します。

実例①

当社には、また当社のマネジメントには「人間力」が大事だと盛んに部長たちに訓示している会社の社長が、その場の進行や部長たちが感じているストレスにはお構いなしに、「5分の持ち時間のところ、延々と50分」同じ話を繰り返し述べている。

これはほとんどブラックジョークのような出来事ですが、現実に存在します。この実例における「会社の理想の姿」と「人間力」は、厳密には少し異なります。会社の理想の姿はビジョン（企業理念や経営理念とも言います）、「人間力」は行動規範（バリュー）です。行動規範とは、現実の場面でビジョンを踏まえて行動する際のルールという意味です。難しい話はさておき、この実例を単純化して捉えると、社長が会社経営にとって重要視しているはずの「人間力」の発揮に不可欠であろう「目の前の人を大切に扱う」ことが、自分自身全くできていない事実が浮き彫りになっています。会社のトップの中には残念ながら「従業員には色々と要求していても自分自身はその例外」と平気でいられる人もいますが、この社長はまさしくそうなのでしょう。このような会社では「会社の理想の姿」が本当に言葉だけ、言うなれば会議室に掲示されているだけという状態に陥りがちです。

実例②

社長室の額縁に「誠実」と大書されているにもかかわらず、その社長が日々口にすることと言えば、「業績をあげるためにどうするか」という話か精神論ばかり。ひどい場合は顧客をだましてでも売りつけろというトーンで、朝の全体朝礼で訓示をする。

さすがにこのご時世、このような会社は減ってきているとは思いますが、世のため人のためなどと公的には掲げておいて金儲けの話しかしない会社の社長も現実に存在します。このような会社でも「会社の理想の姿」は形骸化します。従業員が白けてしまっています。「誠実」という言葉も「人間力」のような憂き目に遭うことが多い言葉です。

実例③

企業理念・経営理念・クレド等を、自社ホームページで堂々と掲げていながら、「従業員の日々の行動」がそれら企業理念・経営理念・クレドとは全くつながっていない。

残念ながらこのようなケースも散見されます。「フィデューシャリー・デューティー」すなわち、資産運用業務に従事する金融機関が投資家に対して負う責任（受託者責任）に関する金融業界の問題が、その実例であると言われています。金融庁は金融機関に対し、フィデューシャリー・デューティーを果たすことを求めています。それは一説によると、金融機関は真に投資家のためになるように商品開発や運用、販売を適切に行うべきとしており、言うなれば金融機関の在り方を「フィデューシャリー・デューティー」なる概念で金融庁は示しているとのことです。要は「現状は必ずしもそうなっていないから監督省庁としてはそこを金融機関に強く求める」ということなのでしょう。

以上、「言うは易く行うは難し」なのが、「自社の将来像を踏まえた現実のアクション」なのかもしれません。「ビジョン・戦略・ゴール・行動パターン」が互いに関連するように、言葉で定義し自社内の「共通言語」としてから、日々その実践を行うというのが、教科書的に言えばこの種の問題への解決策です。しかしながら、現実には障壁が存在し、その解決策の実行を難しくしていると言えるでしょう。

弊社のような専門のコンサルティング会社の中にはそうした障壁への処方箋を持っているところもありますが、その種のノウハウは、なかなか一般の中小企業経営で当たり前に採り入れられていない状況にあると思われます。

以下は、問題解決思考で重要な「現地現物」の姿勢に基づき、会社の現状や現実から目を背けることなく直視できるようになる要点を挙げていきます。

大企業の成功事例は「9割、役に立たない」

言うまでもないことかもしれませんが、大企業の成功事例は中小企業にとっては「9割、役に立たない」と、大企業、中小企業いずれのお客様に対してもコンサルティング経験がある筆者としては強く思います。その理由は以下のとおりです。

①大企業は一般的に、中小企業よりも資金力、つまり保有しているキャッシュフローと資金調達力（直接金融、間接金融いずれにおいても）があるので、人材力・組織力強化に際して取り得る選択肢が相対的に多い
②大企業は一般的に、人材の質と量が中小企業よりも上であり、人材力・組織力強化に関する企画力及び実行力において優る
③大企業は一般的に、社会的影響力が中小企業よりも強いので、人材力・組織力強

化に際して外部からの助力を得やすい

もちろん、以上の内容は中小企業全てに該当することではありません。ただ、①から③のいずれの内容にも当社は該当しないという中小企業のほうが、どちらかといえば少数ではないでしょうか。以下、「これら①から③について具体的に何がどう違うか」と、「大企業の成功事例を中小企業はどのように参考にすべきか」をまとめます。

①資金力

資金力についてはポイントが2点あります。まず、キャッシュフローや資金調達力の問題ですが、こと人材力・組織力強化についていえば、まず1点目として公的な補助金を利用する手があります。「人材開発助成金」、「キャリアアップ助成金」をはじめ、「経営改善計画策定支援事業」を活用する等、自社のキャッシュフローを可能な限り損なわない方向で対策を打つことは可能です。

大企業が外部ベンダー（コンサルタントや研修会社等）に発注する際の特徴として、

「自社である程度企画を構想してから、求めるサービスを具体的に言語化している」ことが挙げられます。求めるサービスを社内で具体的に言語化してから、数社程度の外部ベンダーに発注して、いわゆる合い見積りを取る形で、提案内容と費用とを勘案して決めています。こういった文書をＲＦＰ（リクエスト・フォー・プロポーザル。提案に対する要求事項を整理した文書）と言いますが、中小企業のみなさんもＲＦＰを作成するとよいでしょう。それによってムダな費用を抑えることが可能になります。具体的には以下の形で費用の抑制を図ることができます。

- ＲＦＰを最大10社程度の外部ベンダーに渡し、提案可能か各ベンダーに判定させ、一次提案を提出させる。ただし、現実的には10社は多く、3～5社程度にＲＦＰを渡すのが妥当。一次提案の精度が高まることと、ＲＦＰにより各ベンダーからの提案内容の良し悪しがある程度明確になるので、社内検討時間を短縮でき、担当者がスケジュールに沿って効率的に外部ベンダーを選定することが可能
- ＲＦＰに沿った見積書により、計画内の費用項目か、計画外の費用項目かが明確であり、かつ、項目毎の金額感の評価が可能

- 外部ベンダーを「知り合いから紹介された」、「社長が良いベンダーだからと言って連れてきた」という場合であっても、RFPが存在していることで、是々非々でその外部ベンダー活用の是非を判断可能（実際に、このようなケースで外部ベンダーが期待どおりの活躍をせず、同じ案件を再度費用を出してやり直すということが稀に起きます）

ただし、このRFPがうまく作成できない、ということもあるでしょう。そのような場合は大手の外部ベンダーよりも、どちらかといえば細かい対応が期待できる中小規模の外部ベンダーにまず相談するのも一法です。

②人材の質と量

人材の質と量については、残念ながら大企業のほうが中小企業よりも優っていることが多いようです。その要因としては大企業は新卒中心の人材採用により、高学歴の人材を雇用可能であるからと端的に整理できますが、一方で中小企業にも優れた人材がいないのかといえば、もちろんそのようなことはないでしょう。

その点を細かくみるに、大企業の場合「優秀」と目される従業員がいると、企画やマネジメント等、その従業員に業務上の影響範囲が大きいポジションを経験させることで、ポテンシャルのある人材がより育っていきます。そのパターンを中小企業に当てはめるならば、「優秀な従業員には企画やマネジメント等の業務を（業務も）経験させる」ということがポイントとなります。ただ中小企業の場合、どうしても人員への不足感から「優秀な人材に実務ばかりを任せてしまう」ことになりがちでしょう。そこを「会社にとっての投資」と腹を括って、兼務でも良いので「優秀」な人材に企画やマネジメントを任せるのが、「いつまで経っても抜けられない悪循環」から抜け出す唯一の道なのですが、これは決断力を要する問題と言えます。

③社会的影響力

社会的影響力に関しては、正確には「知名度の高い企業」という表現が妥当なのですが、要は、知名度がある企業のほうがこちらからの問い合わせに対応してもらえる確率や、協力を得たい人に会ってもらえる確率が多少は高いということです。

ただし、知名度があるからというだけで協力をする、というビジネスパーソンばかりではもちろんないということと、今の時代、インターネット上で何らかの発信をしている中で、つながりや協力関係ができることもある事実は、中小企業が社会的影響力をそれなりに発揮できる機会と言えます。ついては「自社の人材力・組織力強化に関する問題意識や取り組みたいことを自ら積極的に発信すること」をお勧めします。

一方、避けたいのが「情報収集ばかりにいそしむ」ことです。研修会社等が行う無料セミナーに参加される人事の方は少なくないですが、話を伺うと「情報収集はしているが行動に移していない」ケースが圧倒的に多いです。そのような状態に陥ってしまうのは「正解が分からないから行動できない」という理由が多いように見受けられますが、この種の事柄に「正解」が外から与えられることはまずありません。外部ベンダーが何らかの具体的な提案をするにしても、企画や決裁に携わる方々の「納得感」が不可欠です。無料のセミナーで得られる情報は、断言すればそれだけの情報価値しかなく、かつ、人材力・組織力強化はその企業にあった「一品一様の方法」になることが通常です。情報収集はほどほどにして、情報発信に注力するほうが得策です。

以上を踏まえて大企業の成功事例を中小企業がどのように参考にすべきかをまとめます。

- 大企業が行っている人材力・組織力強化と類似する取り組みに一定の費用が必要であれば、公的な補助金や助成金の活用を検討する
- ＲＦＰを作成する。ＲＦＰ作成に困難を感じるのであれば、外部ベンダーに相談する
- 優秀な従業員には企画やマネジメント等の業務を経験させる
- 人材力・組織力強化に際して外部の協力が必要であれば、情報収集はほどほどにして「自ら発信する」

なお、大企業の人材力・組織力強化の事例に限らず「何かが変わった」ことに関する事例からは、「どう取り組んだか」ではなく、「変化点と言える出来事」を参考にすると良いでしょう。例えば、人材力・組織力強化での「変化点と言える出来事」でよくあるのは「仕事ができる人材が『人の言うことに耳を傾けるようになった』こと」で

す。独断的な仕事のスタイルのために単独では仕事ができるものの周りを巻き込めない人材（中堅層に目立ちます）が、何かの出来事がきっかけで周囲の人から話を聞こうと態度を改め、それが周囲にも伝わり業務上の巻き込みがうまくできるようになっていった、といった類の話です。

それはどのような出来事なのか、を色々と事例から収集するのは、当の従業員に働きかける際に「アプローチの引き出しが増える」という意味において有効です。

会社は「売上・利益偏重」で狂い、「仲良しクラブ」で潰れる

売上や利益の追求は会社としてすべき「事」であり、会社は人の集まりから成り立っていることからすると「人」は重要と言えますが、それらの「事」と「人」の2つの要素に関するバランスが重要というのが、ここでの主題です。

会社は「売上・利益偏重」で狂うというのは、ブラック企業がその極端な例ですが、ブラック企業ほどではないにせよ、「売上・利益偏重」な会社ではいくつかの事象がみられます。それらはどのようなものだとお考えになりますか？　その答えを以下にリストアップします。

- 勤怠状況が全体的にルーズになる
- 各種提出物の提出状況が良くない

・オフィスでの生活ルールが順守されない（具体的には会議室の使い方が荒れる、給湯スペースやコピー機まわりが乱雑、床やデスクの汚れやほこりに無頓着等）
・来客に対して挨拶や応対をしない
・メンタル疾患の従業員の対応に人事が追われる

あなたの会社ではどのくらい、これらの事象がみられますか？

一方、「仲良しクラブ」と化している会社でみられる事象を考えてみましょう。ここでの「仲良しクラブ」という言葉は、現実に従業員間が「仲良し」か否かにかかわらず、目的や目標に対して真摯な努力をせずに、なんとなく同じ会社の一員として漫然と日々を過ごしている、という意味で用いています。

戻って、「仲良しクラブ」での問題事象はどのようなものだとお考えでしょうか？それらを以下にリストアップします。

・業務ルールが順守されないままの状態が当たり前になっている
・会社の資産やオフィス備品が私物化されても分からない管理状況にある

・昼食休憩時間や定時退社時刻はしっかりと守るが、個々の業務の期日にはルーズ
・パワハラ・セクハラ等が存在しているが、是々非々で対処されない

「売上・利益偏重」の会社は、端的に言えば人や組織が狂っていく傾向があります。業務が忙しいから業務以外のことには手が回りません、結果さえ出していれば何をしてもいいだろうという従業員の心理が見え隠れします。

なお、「売上・利益偏重」の会社においてもパワハラ・セクハラは存在しうるものですが、その際の加害者側の言い訳は、売上ないし利益に貢献しているから自分は何をしても許されるというものがほとんどです。「仲良しクラブ」の会社は売上・利益につながる行動が健全に取れなくなり、潰れる傾向があります。

また、子会社の場合、親会社との関係で「別に頑張っても頑張らなくても業績や将来に大して違いはない」と従業員が思うようになると、その関心は社内政治（社内での人間関係や力関係）に向きがちなので、現実に従業員間が「仲良し」であろうがなかろうが、ここでいう「仲良しクラブ」状態になることが散見されます。

「売上・利益偏重」ではヒトの面がおかしくなり、「仲良しクラブ」ではモノ（物事）・

カネの面でおかしくなっていくと整理できるので、中小企業の場合、限られた経営資源（ヒト・モノ・カネ）で経営している以上、「売上・利益偏重」、「仲良しクラブ」のいずれにも陥らないように経営すべきです。

「職場」における日常的かつ本質的な問題

「職場」とは、抽象的な言い方をすれば、個々の従業員にとって、具体的に体感（見たり聞いたり体験したり）できる空間と言えます。そのため「職場にどっぷりと漬かっている」従業員は、まず経営的な視野や思考など持てるわけがない、と断言できます。しかしながら中小企業においては、現場重視が強すぎるあまりに、経営者からすれば従業員に持ってもらいたい経営的な視野や思考を学ぶ機会を従業員が失っているとも言えます。では、そのような「職場」における日常的かつ本質的な問題とは何でしょうか？

「職場」における日常的かつ本質的な問題は、「目先の業務にのみ意識が向かいがち」、「職場内の人間関係の影響が極めて大きい」、「多くの従業員は非自立的・非自律的・他責」という3点です。

「目先の業務にのみ意識が向かいがち」というのは、従業員個々が、自分自身の役割、業績目標、日々のルーティンワーク等、すべきことに入り込んでいる状態を言います。当然、それらは悪いことではありませんし、特に近年の残業が抑制される中ではますます目先の業務にのみ意識が向かいがちです。

「職場内の人間関係の影響が極めて大きい」のは、従業員の退職理由で極めて多いのが人間関係という点からも容易に分かることでしょう。退職していく従業員の側に原因があるケースも当然ありますが、中小企業の場合は、管理職側のマネジメントに原因があるケースも少なくありません。その管理職はというと、実務には長けていても人や組織のマネジメント等については、実は手探りだったり我流で押し通していたりという現実が往々にしてあるだけに、そう捉えるのが自然ではないでしょうか。

「多くの従業員は非自立的・非自律的・他責」という点については、その反対の内容の「自立的・自律的・自責」を考えてみると分かりやすいでしょう。自立的とは他者に依存することがないという意味です。なお、自立の本来の意味には、必要な協力や支援は仰ぐという意味合いも含まれています。自律的とは自らを律することができるという意味です。自責とは問題解決時に人のせいにせず自らができることを見出して行動するという意味です。そして、重要な点は「自立的・自律的・自責」な従業員はそんなに多く職場にいるものなのかという点です。恐らくそれほどいないでしょう。

中小企業の経営者は「自立的・自律的・自責」でないと会社を潰しかねないので、好むと好まざるにかかわらず「自立的・自律的・自責」な思考パターン、行動パターンを取るかもしれません。では、経営者ほどの責務を負っていない従業員が、当たり前に「自立的・自律的・自責」であるということがありえるのでしょうか？

以上、「職場」における日常的かつ本質的な問題を述べてきましたが、要は、「良し悪しの問題でなく、職場とはそういうもの」という前提で、人材力・組織力強化の方策を検討しなければなりません。

「管理職」における日常的かつ本質的な問題

「管理職」における日常的かつ本質的な問題は、「業績達成には前向きでも人・組織のことには引き気味」、「『プレイヤーとして優秀な自分』に逃げ込む」、「どこかで他責的」という3点です。

「業績達成には前向きでも人・組織のことには引き気味」というのは、ある意味で自然なことではあります。管理職登用は、まずほとんどの企業で「実務において（つまりプレイヤーとして）結果を残している人を管理職に引き上げていく」やり方だからです。管理職の多くは、自分自身が経験して結果を出してきた実務には自信があっても、管理職になって正面から向き合うことを求められる、「人・組織」については特に知識や経験がない、よって自信もないことがほとんどです。新任管理職研修が設けられている会社もありますが、「管理職の役割や責任」、「管理職のやりがい」、「管理職として持つべき知識・スキル」の3点を新任管理職が腹落ちできるレベルまで扱うには研修時間が短すぎる（多くは1日か2日程度）と筆者は考えています。そこで、管理職の多くは、業績達成という実務面でのアイデア出しや、プレイヤーとしての自分自身が活かせる出来事への対応には積極的であっても、かたや人・組織のことは「やらないといけないのは分かっているが、忙しいしやり方もよく分からない」として引き気味になるという理屈です。

「『プレイヤーとして優秀な自分』に逃げ込む」というのは、前段の内容とも関連していますが、異なる側面から言えば、パワハラを起こしやすい人の特徴でもあります。

言い換えれば、「プレイヤーとして優秀な自分は他者に対する配慮をしなくても良い」、「自分の言動には特に問題がなく、そう受け止めるほうに問題がある」というような思考パターンです。ある会社で部下へのパワハラが問題になった管理職へのヒアリングを行ったことがありますが、その対象者全員が、見事にこの思考パターンにはまっていました。

「どこかで他責的」というのは、会社（組織）内で管理職が置かれている位置を絵、例えば組織図にしてみると容易に分かります。上層部、部下、他部署、ひいては社外から求められることが多い一方で、それらのいずれかからくる圧力を別方向に逃がすことも、やろうと思えばできてしまうのが、管理職の位置です。圧力の逃がし方はこれらの発言に現れます。

（上層部からの圧力に対して）

「部下も頑張ってはいますが、残業が多いのでこれ以上無理はさせられません」

（部下からの不満の声に対して）

「君の言っていることも分かるが、会社の方針なんでね」

（他部署からの連携依頼に対して）

「うちの部署は余裕がないのでそういう協力は難しい」

（顧客からの要望に対して）

「ご要望は理解しますが、あいにく社内ルールの問題で対応致しかねます」

いかがでしょうか。以上に挙げたような「自分以外の何かのせいでできないのです」という論理は、それ自体もっともな内容なのでしょうが、結局自分自身では何もしないという意味で他責的です。

今や、大企業ではイノベーションを起こそう、従来の発想・枠組みに囚われないビジネスを立ち上げよう、という掛け声が盛んですが、大企業の管理職は特にこのような論理を使うのが上手です。よって、何も変わらないまま企業が停滞するという憂き目に遭ったりします。ただし、大企業はブランド・商品・ビジネスモデル・財務・人材等の強みで簡単には企業が崩壊することは少ないでしょうが、中小企業では事情が異なるでしょう。他責的な管理職が多いようだと、経営的に甚《はなは》だ不安ではないでしょうか。

以上の、「管理職」における日常的かつ本質的な問題は、企業が組織であるためには、いずれもそのままにはできない問題なので、何らかの手段で解決または緩和することが必須です。

「経営層」における日常的かつ本質的な問題

ここでの経営層というのは主として役員を指します。「経営層」における日常的かつ本質的な問題は、「伝わらないコミュニケーション」、「『上がり』のポジションに安住する」、「自身の『正解』を疑わないマネジメント」という3点です。

「伝わらないコミュニケーション」は、『上』が発信していることを『下』は理解しなければならない」という意識が経営層の心の中にある場合に観察されます。その具体的な特徴は以下のとおりです。

- 同じ話の繰り返しが多い
- ワンセンテンスが長い
- 「つまり」、「要するに」と言った後で同じ話題に戻る
- 予定時間を超えても平気で話し続ける、またはそもそも会話（講話）の時間が設定されていない
- 具体的な話と抽象的な話のバランスが悪い（抽象的な内容に終始しがち）
- 精神論や昔話のみがベース
- 基本的に一方通行での発信（質疑応答は形だけになりがち）

以前、ある会社の営業力強化研修において、その会社の営業担当役員の講話がありました。その講話の評判を研修受講者に聞いてみたところ、全て先述の特徴に合致し

ていて、大変評判が悪かったのを記憶しています。特に、営業という「今」と向き合うことが重要な仕事であるにもかかわらず、その役員の武勇伝がかなりのウエイトを占めていたそうで、「あなたの時代と今は違うんですよ。早く話を終えてくれないかな」と思いながら講話の場にいたという受講者が散見されました。欧米の企業や外資系企業では、経営層の言葉が従業員に多大な影響を与えるという理由から、プレゼンテーションスキルやスピーチのスキルが重視されています。一方、日本の企業、特に中小企業ではなかなかそのようになっていないようです。

また、『「上がり」のポジションに安住する』意識を持ちがちな役員は、大企業から転職してきた役員、親会社から出向している役員等、年功序列、終身雇用の人事制度で長らくサラリーマン生活を歩んできた人であることが多いです。「中小企業でたたき上げで役員まで上り詰めました」という人で、役員のポジションに安住している人に、筆者はこれまでお会いしたことがありません(良くも悪くもギラギラされている方が多い印象です)。「上がり」のポジションに全く安住することなく役員の責務を果たしている方々を筆者は直接知っていますが、それらの方々に共通する特徴は以下のとおりです。

・役員、社長という肩書や権力を活かして、事業的に意義ある取り組みへの意欲を持っている
・給与の高さや待遇にはあまり執着していない
・年齢や社会的立場を超えて人と接する、特に若い人への接し方が丁寧
・酒席での話が面白く、笑いが多い（説教はまずしない）

筆者は、最初に勤めていた企業に在籍していた頃から、ここに挙げた特徴に合致する、素晴らしい役員の方々と直接関わりが持てたことが、自身の一つの財産だと考えています。そして、年を重ね、現在の仕事を生業にするようになってからも、ほぼ毎年と言っていいほど、そのような方と知己になれるのは恵まれていると感じています。

あなたの会社に、ここで挙げた特徴に当てはまる役員の方がもしもいたら、その方と従業員との交流を増やすのは、人材力・組織力強化の一つの有力な方策です。

反対に、以下に挙げる「『上がり』のポジションに安住する」役員には、なるべく「お飾り」（大変失礼な表現ではありますが）でいてもらったほうが、人材力・組織力

強化にあたっては得策です。「上がり」のポジションに安住する経営層には以下のような特徴があります。

- 「役員として何をなすか」よりも「周囲との関係で役員らしく（偉そうに）振る舞う」のが大事
- 既得権益の減少や喪失には敏感（古い表現では個室・秘書・役員車が既得権益の象徴です）
- 相手の年齢や社会的立場により、相手にへつらうか相手を見下すか両極端
- 酒席にお付き合いしたいとまず思えない

「自身の『正解』を疑わないマネジメント」は、端的に言えば、社内に「既決感」を生み出します。「既決感」とは「既に決まっている感じ」、つまり、何かしてもしなくてもどうせ一緒、発言してもしなくても結論は決まっている、という感覚です。「既決感」が社内に漂い出すとかなり危険な状態ですが、その「既決感」を生んでしまう一番の原因は上層部（役員）の言動です。異論や反論を許さない、内容の間違いや施策

の失敗に対して謝ることが無い、ビジネスの現状や将来からではなく昔の成功体験に頼って意思決定をする、等の上層部（役員）の言動が「既決感」を生みます。それらの「既決感」は、従業員に対する各種調査の結果という形で裏付けられます。具体的には退職率上昇、モチベーション低下、上層部（役員）や管理職への信頼低下等です。

以上の、「経営層」における日常的かつ本質的な問題の解決方法としては、現実的にはその役員にご退場を願うことが多いようです。ただ、中小企業では役員の交代は諸事情により難しいこともあるでしょうから、本書において後述するような、きめ細かい対応が必須となります。

健全な経営や事業拡大を阻害する、人材・組織の特徴

人間の身体にとって健康な状態とは、人により多少は考え方に相違があるように、会社にとって理想の状態も人により多少は見解の相違があると思われます。しかしながら、人間の身体における不健康と同様、会社にとっての不健康な状態は比較的整理しやすいと考えられます。以下、健全な経営や事業拡大の阻害要因になりえる、人材・組織の特徴を以下3点にまとめます。

①「業績達成にのみ執心」
②「人の噂や値踏み好き」
③「不作為は得」

①「業績達成にのみ執心」

これは人間に例えるならば、スポーツの成績向上を図るばかりに身体を壊してしまうリスクが指摘できます。スポーツ選手がしばしば取り組む、体幹部の筋肉トレーニング、心肺機能強化のための高地トレーニング、身体のゆがみを取るストレッチ運動やヨガ等は、それらを行うことにより、パフォーマンス向上が期待されます。人材力・組織力強化も同様のイメージで取り組むことが極めて重要ですが、「業績達成にのみ執心」する経営者や従業員には、そうした事柄がみえなくなっていると推察されます。

②「人の噂や値踏み好き」

人間は社会的動物という表現があるように、人間関係の中で生きていると言っても過言ではなく、従ってどうしても会社内での自分自身や周囲の人の立ち位置や評価、評判等を気にしてしまうものです。ただ、それも度を超すと問題です。度を超すというのは、事象として「部長同士の仲が悪いので部署間連携が出来ない」、「相性の悪い社員同士を同じ業務担当にできない」、「人の噂や値踏みが就業時間中に、会話またはチャット等でやり取りされている」等の事象を指します。特に、最後の事象については、日本の法律では従業員の働いている時間に対して賃金が支払われるという原則に立ち返るに、それらの事象は明らかに賃金を支払う価値がない行為ですので、職場から根絶しなければなりません（経営者の目線からすれば）。

③「不作為は得」

これは「不作為は罪」という表現をもじっています。「不作為は罪」は論理的にも現実的にもそのとおりなのですが、現実の会社では「不作為は得」となる（ようにみえる）ケースが少なくありません。新人研修では、「失敗しても得るものがあるように取り組めばよいので『前向きに転ぶ』こと」を心構えとして新人に教えたりしますが、心理学を取り入れている行動経済学では、人間は利得よりも損失に敏感とされています（プロスペクト理論）。プロスペクト理論で言えば、失敗する自身の姿や自分の評判を落とすマイナスイメージのほうが、何かをやり遂げて会社や周囲に貢献するプラスイメージよりもリアリティを感じやすいというわけです。

しかしながら、現実的に全員が全員「不作為は得」というスタンスでは、会社は行き詰まるでしょう。そこで合理的に考えれば、「不作為は得」という行動パターンを取る従業員は人事制度上で報われないようにすべきです。それが「目標管理制度（MBO）」の本質です。よって、「不作為は得」があなたの会社にはびこっているようならば、目標管理制度を導入または立て直しすべし、という結論になります。

人材力・組織力強化にあたっては、「健全な経営や事業拡大を阻害する、人材・組織の特徴」が、いずれの職場でみられるか否かを具体的に（誰、またはどの部署がそうであるのか）把握することをお勧めします。誰、というのは多くはその部署の責任者であることが多いので、結局は、特定の個人をどうこうするというよりは、部署単位で何らかの取り組みを行っていくと良いでしょう。

人と組織を変える2つの鍵「構造改革」と「漸進的変化」

本パートで、本章の内容は最後になります。まず人、組織を変えるには、「構造改革」と「漸進的変化」の2つがあります。「構造改革」は「仕組み・ルール」を変えることで、従業員の思考や行動を変えていくやり方です。一方、「漸進的変化」は、日々の業務や出来事に着目して、一つひとつ改善・改良を図ることで、従業員の思考や行動を変えていくやり方です。いずれもメリット・デメリットがあります。

	構造改革	漸進的変化
メリット	・一気に状態を変えられる ・過去に戻れないので「やるしかない」	・取り組みの導入や実践が容易 ・着実な取り組みが従業員に自信を与える
デメリット	・従業員等からの強い抵抗に必ず遭う ・失敗した際に大きな禍根を残す	・戦略的思考無しに行うと馴れ合いになりがち ・元に戻らない仕組みやルールを付随的に導入する必要がある

このように整理したメリット、デメリットを踏まえ、人材力・組織力強化の取り組みにおいては「メリットの最大化とデメリットの最小化」を図る必要があります。その意味では、「他社でやっているから」、「成功事例が公開されているから」等と安易に取り組みを模倣するのではなく、ここで挙げたようなメリット・デメリットにいかに対処したのかも、併せて参考にすべきです。繰り返しになりますが、「構造改革」と「漸進的変化」のメリット、デメリットを踏まえて、人材力・組織力強化を図る場合、どちらのアプローチがより妥当かを、慎重に検討したうえで決定しましょう。

第2章 まとめ

人材力・組織力強化に取り組むにあたり、一旦は目先の問題から離れ、この先変えていくことになる「会社」への検討を、「会社のあるべき姿、現状、あるべき姿と現状のギャップ」の3点を言葉にしたうえで行う。特に「現状」に対しては、本章で取り上げた各種の要点を押さえた検討が必須。人材力・組織力強化の取り組みに関しては「構造改革」と「漸進的変化」のいずれかのアプローチを選択する

人材力・組織力強化アクションリスト❷

以下のリストに沿って、自社の人材力・組織力強化にあたり重要な「自社のあるべき姿、現状、あるべき姿と現状のギャップ」に関する検討を行い、検討結果を言語化しましょう

- ☐ 自社のあるべき姿、理想の状態を、収益性、成長性、継続性を踏まえて言葉にする
- ☐ 自社のあるべき姿、理想の状態と現状のギャップを洗い出す
- ☐ あるべき姿と現状のギャップの解消に際して、「公的な補助金、助成金の活用」、「RFP の作成」、「優秀な従業員の配置転換（企画、マネジメント等に）」、「積極的な情報発信」等ができる余地が無いか検討する
- ☐ あるべき姿と現状のギャップを、より細かく、「自社全体」、「職場」、「管理職」、「経営層」別に分けて言葉にする
- ☐ あるべき姿と現状のギャップに関して、健全な経営を阻害する、人材・組織の特徴に、自社が合致してしまっていないかをチェックする
- ☐ あるべき姿と現状のギャップの解消に際して、「構造改革」、「漸進的変化」のいずれが妥当かを、それらのメリット / デメリットを踏まえつつ慎重に検討し、決定する

第 3 章

高い人材力・組織力のイメージング：人材力・組織力強化のための前提と原則

現実の中小企業では、人材や組織の問題に対して、思い付きや個人の感覚のレベルで対応してしまい、それで深手を負ってしまうことが、しばしば起きているように思われます。以下に紹介する、人材力・組織力強化のための前提と原則は、筆者が各種の素晴らしい書籍から学んでいる内容であり、また、一人の経営者として推奨させていただくものです。以下に記載されている内容を「では、自社ではどうなのか」という目線で確認していただくと、思い付きや個人の感覚を超えたレベルで、何をどうしていくべきかが鮮明になってくるでしょう。

前提① 多くの従業員は自立的・自律的ではなく、多くの経営者は人・組織より事業・戦略に執心するものである

色々な企業が「自立・自律」を従業員に求めています。「自立・自律」を習得する区切りは3年というのが多くの企業でみられます。ただ、3年目の開始時点か3年目が終了する時点かは企業によりまちまちです。

「自立」、「自律」の意味内容は第2章でも触れました。自立（的）とは他者に依存することがないという意味です。自立の本来の意味には、必要な協力や支援は仰ぐという意味合いも含まれていますので、決して何もかも独力でやり遂げなければならないということではありません（この点は捉え違いをしているビジネスパーソンが散見さ

れます）。自律（的）とは自らを律することができるという意味です。

筆者は常々、「それぞれの言葉の意味内容からすると、自立・自律を従業員に要求するというのは筋が違うのではないか」という疑問を持っていました。なぜ、自立・自律は従業員に要求されるものなのでしょうか？　その答えについて、筆者が現在持っている答え（仮説）は以下の3つです。

①水や空気のように「当たり前にそこにあるもの」は重要視されづらいことから、「自立・自律」は当たり前にないからこそ渇望される（希少性の観点）

②厳しくなる一方と言っても過言ではない中小企業経営のリアリティを鑑みるに、毎月の給料日に従業員の銀行口座に一定額が振り込まれるのに対して、従業員のパフォーマンスが上がっていかない現実に、企業経営者は割り切れない思いを持っている（企業と従業員間でのギブ&テイクの観点）

③労働市場における自身の市場価値に関して、個々の従業員が意識的・無意識的に向き合わざるを得ない状況にある（従業員の市場価値の観点）

以上の①から③については、大手企業の新入社員研修で、時折、研修講師の立場から新入社員たちに伝えています。そうすると、社会人経験がほぼゼロである新入社員の彼らをもってしても「確かにそうだから、この研修に受け身で参加するのではなく、自分自身の問題として参加しないと」というモードに変化します。背筋がピッと伸びた感じになります。ただし、筆者がそのように伝達する以前から「分かっている」新入社員は一定数います。新入社員研修に臨む態度や言動が明らかに周囲と違う新入社員たちです。講師や人事から言われる前に研修準備を行う、積極的にメモを取る、話し合いや発表に率先して関わる等、そのような彼ら、彼女らこそ、本当の意味で自立・自律していると、いつも思わざるを得ません。

一方、経営者、特にオーナー企業の経営者は、事業の成長・成功やそのための施策が中心的な関心事であり、人や組織に関わる面倒くささも相まって、経営者の頭の中の優先順位では人や組織の問題への取り組みは後回しになりがちと認識しておきましょう(当然、そうでない経営者の方もいらっしゃいますが)。そのように認識したほうが人材力・組織力強化がうまくいきます。オーナー企業の経営者を例に取ると、何はともあれ事業の成功や経営の安定・成長が重要事項で、人や組織はそのための資源や手段として良くも悪くも認識されがちです。人材力・組織力強化は、事業的にも有為であるという理屈（「業績達成にのみ執心」は、人間に例えるならば、スポーツの成績向上を図るばかりに身体を壊してしまうリスク、という第2章の内容を思い出してください）で、事業成長に向けての活動と、人材力・組織力強化の活動とのバランスを取るようにしましょう。

以上、従業員や経営者に関する内容は「それはそういうもの」と受け止めて割り切り、責めたり否定的になることなく、人材力・組織力強化に取り組みましょう。

前提②

企業経営の重要ファクターに関する嘘と本当

まず、「人が宝、最重要」という類の「嘘」を明らかにしていきましょう。表向きはそのように掲げながらも結局は売上や利益に終始する会社は要注意です。「人が宝、最重要」はそのとおりであり、分析的に考えるならばその根拠は最低でも3つあります。

根拠1　顧客や株主等への、対外的な責任において「人」が前面に立つことが必須であること

根拠2　社会的存在としての企業には人の雇用（の維持）が求められていること

根拠3 経営資源であるヒト・モノ・カネのうち、経営的な扱いの良し悪しで大きく業績に影響するのはヒトであること

以上のそれぞれについて、詳しく触れていきます。まず、**根拠1**について、「人が宝、最重要」が「本当」であれば、しかるべき場面ではしかるべき立場の人が対外的な責任を受け止めて対応することになります。ところが現実をみるにそうでない事例が少なくありません。分かりやすいところで、かつての食品偽装における、問題となった企業の対応を思い出してください。対外的な「人」にきちんと向き合わないことで、自社を潰す羽目になった経営者が現実に存在していたわけであり、そのような経営者が発する「人が宝」は虚言と言わざるを得ないでしょう。

根拠2については、人の雇用及びその維持に対して一定のコストを割いている企業もあれば、結果的に人を使い捨て状態にする企業も存在します。その違いは人材の採用・教育指導・評価や組織風土の維持のための施策を、どれだけ適切に実施しているかによります。

一例を挙げます。仕事の進め方は重要なビジネススキルの一つながら、一定のやり

方を習得しているか否かで業務上の結果が大きく異なってきます。仕事の進め方に関して、本来的に要領の良い人材もいれば、あまり得意ではない人材もいます。その差を小さくするために、または仕事の進め方が良くないがゆえに起きるトラブルを最小化するために、企業として仕事の進め方を従業員に教えることは重要です。なお、これは新卒入社の社員のみの話ではなく、中途採用された社員、長年経験値のみで仕事をこなしているビジネスパーソンにも、全く同様に当てはまる問題です。専門性を評価されて即戦力として期待された中途採用の社員が、仕事の進め方に問題があり業務で全く活躍できていない等という話は、残念ながらごまんとあります。「仕事をしていればそのうち覚える」、「上司の背中を見て育て」というアプローチではリスクがあるとも言え、よって、「必要経費」として一定のコストを割いて仕事の進め方を従業員に習得してもらう、というのが経営的には妥当な判断と思われます。

根拠3について、カネやモノも経営的な扱いの良し悪しにより業績にインパクトを与えますが、ヒトは、経営的な扱いの良し悪しで大きくパフォーマンスが変化し、よって業績に多大な影響を与えます。問題は、カネやモノは経営的な扱いの良し悪しが比較的外部からでも判別しやすい（税理士や監査法人によるチェックが入る）ので、一定の抑制が効きますが、ヒトの扱いの良し悪しは、一見すると外部からは判別しづらい点が厄介です。

以上をまとめると、株式会社であればその性質上、「人が宝」と表面的には言ってみても、残念ながら結局はキャッシュ（金）となりやすいので、ここまでに挙げた**根拠1～3**の内容に基づいて、そのような言葉には警戒（現実はどうかを検証）すべきであり、鵜呑みにしないことです。

モチベーション・従業員の納得感・チームワーク

人材・組織に関しては、「モチベーション」や「従業員の納得感」、「チームワーク」等の言葉には要注意です。若い人の間では「自分のモチベーションを誰かに上げてもらいたい」などという言葉が交わされることがありますが、モチベーション、特に業務そのものへのモチベーションは、他者からもらうものではなく、自らその意義ややりがいを見出すべきものです。『モチベーション3・0』（ダニエル・ピンク著、講談社）に詳しくこの問題が出ています。なお、モチベーションに関しては、「働きやすさ」と「働きがい」の両方を、経営的には考慮すれば必須かつ十分です。「働きやすさ」とは衛生要因とも言い、職場環境や人間関係、待遇面からくるものであり、「働きがい」（促進要因）は業務内容、権限・裁量と責任からくるものです。なお、「働きがい」を従業員に訴求するのみで、「働きやすさ」への経営的な配慮が全く無いのが、いわゆるブラック企業（「働きがい搾取」と言われたりします）ですので注意しましょう。

「従業員の納得感」については以下のような筆者の実体験があります。ある企業でのコンサルティングで、管理職としての責務を果たせていない人材の配置転換を、責務を果たせていない自覚に乏しい管理職相手に、どのように伝えるかという問題がありました。その際、その企業の人事部長が「納得感が大事じゃないですか！」と盛んに連呼され、納得感を持ってもらうためにはどう言えばいいのですかと執拗に尋ねられたことがあります。

賢明な読者の方はお気づきかと思いますが、その手の問題で、当事者（この場合は管理職）が納得感などを持つはずはありません。個々の場面、出来事を一つ一つ具体的に挙げ、その管理職が管理職としての責務を果たしていないことを証拠立てして「Noとは言えないようにする」のがその種の問題での唯一のやり方です（このやり方は、良し悪しは別としてリストラにおいて『自主的な退職』を迫る際の話法と同じです)。

そのようなケースでは、多くの場合、降格と周囲に映る立場に置かれ賃金も下がるわけですが、そんな現実を「納得」する人はどの程度いるのでしょうか。それは「納得」ではなく「不承不承飲まざるを得ない」という表現が適切でしょう。以上のように、企業を経営するうえで、いつでもどこでも「従業員の納得感」が必須というわけではありません。従業員の納得感が必須なのは、経営・事業の方向性であったり、個々の職務における自身の職責等に対してです。

「チームワーク」に話題を移します。部署内におけるチームワークは大別して3パターンあります。一つ目は「ボス型」で、ボス(統率者)が業務上の指示命令を逐一出して、部下はその指示命令を遂行するパターンです。二つ目は「専門家型」で、部署の長も含めて、部下の一人一人が専門領域を持っており、独立的に業務を遂行するパターンです。三つ目は「相互依存型」で、部署の長も含めて、部署の全員が自身の強みを発揮し、かつお互いに助け合うパターンです。この3つのパターンのいずれを取ると高い生産性のチームになるかというと、答えは三つ目の「相互依存型」であるというのが、「強みに基づく人材開発」で世界的に著名な米国ギャラップ社が唱えていることです。ただ、組織力強化のコンサルティングをしている中での実感としては、「ボス型」、「専門家型」の部署（または企業）が多い印象を受けています。「相互依存型」のチームであるためには、部署の長を含めて、チームメンバー全員が個々の業務上の強みを理解・発揮し、かつお互いに支援し合うやり方を持っていることが必須です。ただし、そのような形でチーム（部署）が組織化されていることは筆者の経験においては稀であり、「チームワーク」を、単なるお題目ではなく、具体的にどのように実現するかが重要、という実感を持っています。

近年、重要性がクローズアップされている「心理的安全性」は「嘘」か「本当」かで言えば「本当」ではあります。ただ、留意すべきは「心理的安全性」を従業員にとってぬるいのではないか、従業員を甘やかすことになるのではないかと懸念する人たち（主として管理職・役員）が一定数、存在することも事実です。

心理的安全性の概念に関しては、今や、色々な方が様々な表現で述べているのでここでは詳述せず、「自分自身の存在が不当に脅かされる不安や懸念を感じることなく、集中すべき事柄に集中できている状態」と整理するに留めておきます。

このような表現で伝えるほうが、心理的安全性に対して懐疑的な方々と話がしやすいので、必要に応じてお試しください。余談ながら、筆者は企業研修の講師を務めた後に、「受講者が『こういうことを言ってはいけないのではないか』、『叱られるのではないか』という感じではなく、質疑応答や意見が活発に出ていましたね。少々驚きました」と研修担当の方に評されることが多いですが、そういう研修の場は心理的安全性が確保されている場である、ということです。

原則①：逆算思考

有限の資源、有限の時間で結果を出す

「大金持ちにも貧乏人にも、時間だけは等しくある」と言われる時間は、見方を変えれば「時間の使い方次第で得られる結果が変わる」貴重な経営資源でしょう。

では、オフィスに勤務する従業員は、どの程度の持ち時間があるのでしょうか。単純計算で、一カ月に160時間働くとすれば年間では1920時間になりますが、実態はもう少し多いようです。経団連の「2019年労働時間等実態調査」によると、「従業員数別平均年間総実労働時間」は、300人未満の企業で2012時間、300人以上1000人未満では2084時間（いずれも2018年の数値）となっています。要するに、少なく見積もれば1920時間、多く見積もっても2080時間程度で、それぞれの従業員は、各人に課せられている業績目標を達成する必要があります。

近年では残業に対する規制が強化されていますので、多くの企業では残業の上限を決めてそれを厳守するように従業員に通知しています。ただ、それが弊害として「隠れ残業」や「管理職へのしわ寄せ」等の深刻な問題を引き起こしています。

私はこれまで優に100社を超える企業の組織運営を見てきていますが、残業の上限規制をしても、業務量の削減、業務効率の組織的向上などは行わずに、単に従業員個々の努力に任せている企業も少なくありませんでした。

仕事の進め方として業務に優先順位をつけるように、と言われます。しかしながら劣後順位、要は「すべきでないこと」を組織的に決めている企業はほとんどないようです。従業員は、あれもこれも行うように、という指示を受けているというのが恐らく実態でしょう。業務改善や人材力・組織力強化にはそのための時間が不可欠ですが、それらの時間は従業員、特に中間管理職の日々のスケジュールからは追いやられ、重要かつ緊急とされる業務を延々とこなし続ける現実も散見されます。

時間を有限かつ貴重な資源と捉えるのみならず、人やモノも有限であるという当然の事実に立ち返り、「すべきこと、すべきでないこと」を決めましょう。つまり、有限の資源、有限の時間で結果を出すには、どうしたらよいかという「逆算思考」が効果的な事業展開においては必須です。そして、その具体化が「手順の明確化」と言えます。

手順の明確化の一例として、「業務管理スキル」を取り上げます。業務管理スキルとは、自らが遂行すべき業務をリストアップして優先順位（と劣後順位）を決定し、スケジューリングし、効率的な業務遂行を行い、適宜スケジュールと実績を対比して、遅れがあればその対策を検討し実施する、というものです。

この業務管理スキルに関して、きちんと身についていないビジネスパーソンは、少なからずいます。そして、管理職の場合、業務遂行スキル自体は高くても、この業務管理スキルを言葉にして部下に指導することができないことが少なくありません。業務管理スキルが身についていないビジネスパーソンには以下の問題がみられます。

- 業務の抜け漏れに起因するトラブル・クレームを引き起こす
- 期日を守れずにその対処を上長がカバーせざるを得なくなる

・業務経験の長さに比して業務の幅が広がらない

日本では長らく「俺の背中を見て育て」という文化があり、それゆえに育つ人材は特に何も指導や育成をせずとも成長し、そうでない人材はそれなりのレベルに留まっていたきらいがあります。ただ、現代ではそれでは企業経営が立ち行かなくなるのは必定です。特に中小企業は限られた人材で事業展開している必要上、よく言われるように少数精鋭でなければなりません。しかしながら、業務管理スキル一つとっても、先に述べたような問題を抱えた企業も存在します。人材力・組織力強化の原則の一つとしての逆算思考を大切にしましょう。

原則②：複眼思考

関係性向上と結果追求の2軸で行動する

「会社」という存在は具体的にはない、という表現があります。「会社の方針で」という場合は、経営会議、役員会、社長など役員による意思決定という意味でしょうが、「会社の雰囲気が悪い」という場合、会社という言葉が指し示している対象が何であるかに注意すべきです。要は「会社」には、人と人が集まる組織体という側面と、売上・利益追求のための組織体という二つの側面があるということです。

そこで、人と人が集まる組織体であることから関係性向上を図る必要が生じます。また、売上・利益追求のための組織体であることから結果追求も図る必要が生じます。

ただ、この二つのバランスを取ることが現実的には難しいことから、会社によっては

「仲良しクラブ」と化しているケースと、「売上・利益偏重」に陥っている（極端に言えばブラック企業となっている）ケースがみられます。

リーダーシップ論には「マネジリアル・グリッド」という考え方があります。これは、リーダーシップの行動スタイルを「人への関心」と「業績への関心」という二つの側面から捉えた理論ですので、「会社」を「人と人とが集まる組織体」と「売上・利益追求のための組織体」と捉えることと似ています。

結論的には、関係性向上と結果追求の2軸で行動するというのは、マネジリアル・グリッドの考え方とほとんど一緒ですが、ここで強調しておきたいのは、個別の施策を行う際には、必ずといっていいほど結果追求のほうに振れがちで、関係性の視点が抜けがちですので注意しましょう。

人材力・組織力強化には複眼思考が重要な原則であり、その一つの具体的実践が「ルールの順守」、つまり、関係性向上と結果追求の2軸から適切にルールを設定し、そのルールを業務遂行、マネジメント、経営等の各場面で順守することです。

原則③：システム思考

「2：6：2」の人材・組織モデル

「2：6：2」の法則は、人事ではしばしば言われるものです。優秀な2割の人材が業績を牽引し組織を形作る、普通の6割がそこそこの仕事をする、下の2割はあまり業績にも組織的にも貢献しない、というものです。「2：6：2」の法則は「働きアリの法則」とも言います。働きアリの法則では、下の2だけを集めると、その中でまた「2：6：2」になり、働きアリとなる上の2割と、普通の6割が生じると言われています。

では、現実の会社組織ではどうでしょうか。下の2割だけを仮に集めてチームを作ったとして、そのチームに何か好ましい変化が起きうるでしょうか。きれいごとではなく現実的に考えれば、下の2割の集まりは、やはりそれなりの存在でしかないように思えます。このことは、いくつかの理論から説明がつきます。

- 「マインドセット」（人・物事・状況に向き合う心構え）は、「成長マインドセット」と「硬直マインドセット」と二つに分類でき、「硬直マインドセット」の持ち主は経験から学ぶことができず、かつ失敗を前向きに受け止められずに他者に責任転嫁する（『マインドセット やればできる！ の研究』キャロル・S・ドゥエック著、草思社より）
- 「学習者要因」（パリッシュ）によると、指導者側に問題がなくても、学ぶ側の問題で学習が円滑に進まないことがある（つまり、教えてもムダという人材は現実に存在するということ）
- 「すべきこと」、「やりたいこと」、「できること」という3つの輪からなる「仕事の3つの輪」の考え方に基づくと以下の①、②のような人材が存在することが分かる。①「できること」を第一優先に考え、「すべきこと」でも「自分にはできません」と「すべきこと」から逃げる人材。②「やりたいこと」のみに走り「すべきこと」、「できること」という観点が抜け落ちる人材

換言すれば、「下の2割」に分類される人材であっても、「マインドセット」、「学習

者要因」、「仕事の3つの輪」のいずれかで好ましい変化があれば、「下の2割」から抜けられます。しかし、現実はそうでないことがしばしばあり、そのような人材に管理職が対応することで、貴重な管理職の時間まで空費する羽目に陥るのです。そこで、人材力・組織力強化の原則の三つ目として「システム思考」が重要となってきます。

「システム思考」に基づく「2：6：2」の人材・組織モデルとは以下のようなものです。「上の2割」と「普通の6割」で経営・事業が継続できるように人材力・組織力強化を図るようにします。また、「下の2割」への対応の仕方については、大きくはパターン化した対応を決めておき、組織的なコスト（主として管理職及び人事の労力）をいたずらに消耗させないようにします。

「2：6：2」の人材・組織モデルづくりには、フランチャイズチェーンにおける「業務を標準化し、誰でも店舗を回せるようにする」思想と手法が参考になります。よって、「2：6：2」の人材・組織モデルは「業務の仕組み化」と換言できます。

ただし、現実のフランチャイズチェーンが、店舗によって売上・利益・接客の質・リピート率等に差があることからも分かるように、「2：6：2」の人材・組織モデルがある程度できてはじめて、より本来的な問題に集中できるようになります。

原則に基づいて、高い人材力・組織力をイメージングする

「仕事をこなす中で覚えろ、成長しろ」というアプローチは、長らく日本企業では当たり前とされてきました。今でも、人員不足に悩む中小企業ではそれが当たり前とされているかもしれません。しかしながら、今後のビジネス環境に対応していくには、企業規模の大小を問わず、「手順の明確化」、「ルールの順守」、「業務の仕組み化」への投資をすることが切実な問題と言えます。では、「手順の明確化」、「ルールの順守」、「業務の仕組み化」が実現された際の人材力・組織力とはどのようなものか、以下に例を挙げます。

・業務遂行において、コミュニケーションが円滑になる
・社内会議や朝礼等の進行が引き締まった場になる

- 個々の従業員が業務に集中している
- 最善の顧客対応のために業務の仕組み・ルールが活用され、強化される
- 問題やトラブルに対して互いに助け合って解決する
- 同じ種類のトラブルが繰り返し起きることがなくなる
- 退職率が低下する
- 中途採用の従業員が定着する
- 人事や総務、経理等の社内スタッフのルーティンワークがスムーズになる
- 従業員個々がそれぞれの役割において自主的に業務改善を行う
- 中間管理職が組織・人材のために有意義な時間を割ける
- 経営層が社内の日常業務の細部やトラブル・クレームに煩わされない

以上に挙げたイメージングはあくまでも例です。読者であるあなたにとってリアリティのあるイメージングを強く行うことが、人材力・組織力向上に向けた取り組みの最初には必須です。あなた独りではイメージングしづらいということであれば、人材力・組織力向上の必要性を痛感している人と一緒に、イメージングを行いましょう。

構造改革におけるシナリオとマイルストーン

第2章で「構造改革」による人材力・組織力強化に関して触れました。ここでは、その内容を踏まえて、構造改革におけるシナリオとマイルストーンを取り上げます。実際に人材力・組織力強化に取り組む際には、以下に挙げるシナリオとマイルストーンをたたき台として、その取り組みにおけるシナリオとマイルストーンを具体化（言語化）しましょう。

構造改革のシナリオは以下のとおりです。

シナリオ① ルールや仕組みを大きく変える
シナリオ② 総論賛成、各論反対という流れが生じる
（根回しをどんなに上手にしても）

シナリオ③ 対立や反発、混乱の内容と、押さえるべき対象を明確にする
シナリオ④ 前記③を踏まえて丁寧に対処をして「雨降って地固まる」状態とする

構造改革の一種である、「人事制度改定」をこのシナリオに当てはめてみると以下のようになります。

① 人事制度を改定することに関して社長の了解を得る（あるいは社長自らが先頭に立って）、人事制度の改定を決める
② 改定作業中、役員、組合（社員会）等に適宜、開示可能な範囲で情報共有する（それでも当然、個別には色々な意見、反論が出てくる。その際には制度改定の趣旨や制度設計の方針等から一貫した対応を取る）
③ 人事制度説明会を皮切りとする新人事制度を施行する前後には、色々なルートから制度改定に関する不満や詳細内容説明要求等が出る
④ 個別の対応をきめ細かく行うことで「雨降って地固まる」状態とする

このシナリオを踏まえて、マイルストーン（取り組みにおける大きな区切り）を設定すると以下のようになります。

（1）「ルール・仕組みの変更」（シナリオ①に対応）
（2）「ルール・仕組みの変更周知」（シナリオ①、②に対応）
（3）「対立・反発・混乱等への対応」（シナリオ②～④に対応）
（4）「ルール・仕組みの定着化」（シナリオ③、④に対応）

漸進的変化におけるシナリオとマイルストーン

続いて、漸進的変化におけるシナリオとマイルストーンを取り上げます。「構造改革」と同様、「漸進的変化」による人材力・組織力強化に取り組む際には、以下に挙げるシナリオとマイルストーンをたたき台として、その取り組みにおけるシナリオとマイルストーンを具体化（言語化）しましょう。漸進的変化のシナリオは以下のとおりです。

シナリオ① 日常の不満や「もっと○○だと良い」を集めて取り組むべきテーマを決める
シナリオ② 「ちょっとした努力で変えられること」から優先的に変えていく
シナリオ③ 「好ましい変化」を定着させる各種の施策を行う
シナリオ④ 前記③を踏まえ、さらなるテーマ設定とその取り組みにより「塵も積もれば山となる」状態とする漸進的変化のアプローチを用いた部署単位での「業務改善活動」に、このシナリオを当てはめてみると以下のようになります。

①部署のキーパーソンが中心となって、日々の業務における部員の不満や「もっと〇〇だと良い」という項目をヒアリングするなどして集約し「ムダ取り」というテーマを決める

②部内におけるeメールのコミュニケーション、会議の進め方を変える

③前記②の取り組みによる部単位の変化を関係者に周知したり、定量的に示す（例：会議時間を〇時間削減）等して、「好ましい変化」をデファクトスタンダード（事実上の標準）化する

④「ムダ取り」というテーマから「顧客志向の業務活動」というテーマ設定に移行し、そのように取り組むことにより「塵も積もれば山となる」状態とする

漸進的変化におけるマイルストーンは以下のとおりです。

（1）「日常の業務行動や習慣の見直し」（シナリオ①、②に対応）
（2）「スモールゴールの設定」（シナリオ②に対応）
（3）「行動の習慣化・定着化」（シナリオ③に対応）
（4）「さらなるゴール設定と行動の習慣化・定着化」（シナリオ④に対応）

ここまでのまとめとして、アプローチ・シナリオ・マイルストーンを表に整理しました。先に行ったイメージングを思い返しつつ、妥当なアプローチ・シナリオ・マイルストーンを描いてみましょう。

人材力・組織力強化に向けて、イメージング及びアプローチ・シナリオ・マイルストーンと出揃ってくれば「あとはやるだけ」という状態です。

しかしながら、その前に「実際に取り組みを始めたらどのようなことが起きるのか」を理解しておく必要があります。そうしないと、せっかくやる気を出して始めた取り組みが頓挫、挫折しかねません。そこで、続く第4章では「変革を実行するうえでの障害に対処する術」を取り上げます。

構造改革のアプローチにおけるシナリオ・マイルストーン

シナリオ		マイルストーン
① ルールや仕組みを大きく変える	→	「ルール・仕組みの変更」（シナリオ①に対応）
② 根回しをどんなに上手にしても総論賛成、各論反対という流れが生じる		「ルール・仕組みの変更周知」（シナリオ①、②に対応）
③ 対立や反発、混乱の内容と、押さえるべき対象を明確にする		「対立・反発・混乱等への対応」（シナリオ②〜④に対応）
④ ③を踏まえて丁寧に対処していき「雨降って地固まる」状態とする		「ルール・仕組みの定着化」（シナリオ③、④に対応）

漸進的変化のアプローチにおけるシナリオ・マイルストーン

シナリオ		マイルストーン
①日常の不満や「もっと○○だと良い」を集めて取り組むべきテーマを決める	→	「日常の業務行動や習慣の見直し」（シナリオ①、②に対応）
②「ちょっとした努力で変えられること」から優先的に変えていく		「スモールゴールの設定」（シナリオ②に対応）
③「好ましい変化」を定着させる各種の施策を行う		「行動の習慣化・定着化」（シナリオ③に対応）
④ ③を踏まえ、さらなるテーマ設定とその取り組みにより「塵も積もれば山となる」状態とする		「さらなるゴール設定と行動の習慣化・定着化」（シナリオ④に対応）

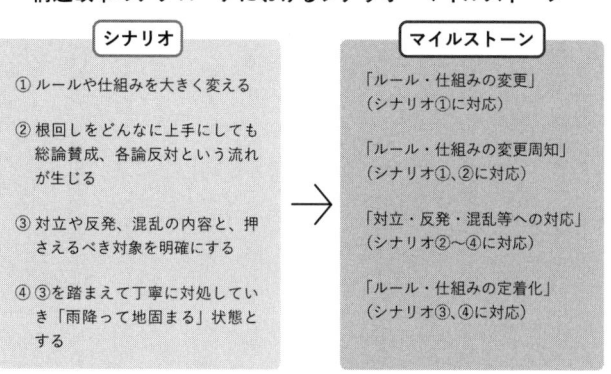

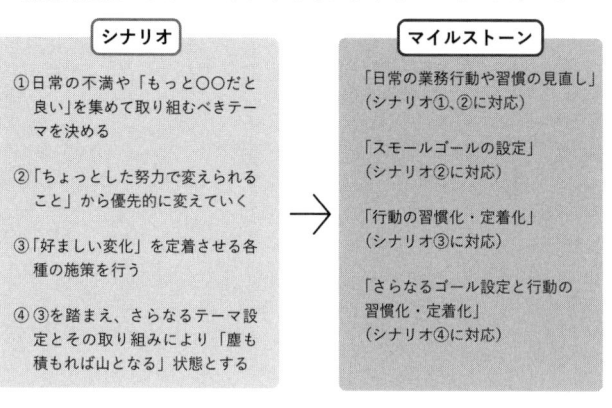

第3章 まとめ

人材力・組織力強化を具体的に検討する際は、以下の3点を押さえる

◉従業員や経営者に関する前提及び、企業経営の重要ファクターに関する前提について、自社の実態を確認する

◉「逆算思考」、「複眼思考」、「システム思考」等の原則に基づいて、高い人材力・組織力のイメージングを行う

◉「構造改革」か「漸進的変化」のいずれかのアプローチに関して、シナリオとマイルストーンを設定する

人材力・組織力強化アクションリスト❸

以下のリストに沿って、自社の人材力・組織力強化の実現に向けた、具体的な検討を行いましょう（文字に落とし込みましょう）

- [ ] 自社の従業員は「自立的」、「自律的」であるか否か
- [ ] 自社の経営層は事業・戦略のみならず、人・組織にも関心、課題感を持っているか否か
- [ ] 自社の従業員のモチベーションの状態（特に「働きがい」と「働きやすさ」の面から）
- [ ] 自社の経営・事業の方向性、個々の職務における職責等への、従業員個々の納得感
- [ ] チームワークに関する全社的な傾向・状態（「ボス型」、「専門家型」、「相互依存型」のいずれか）
- [ ] 「逆算思考」や「手順の明確化」を人材力・組織力強化のために用いることができるか否か（用いることができるならば具体的にどのような内容か）
- [ ] 「複眼思考」や「ルールの順守」を人材力・組織力強化のために用いることができるか否か（用いることができるならば具体的にどのような内容か）
- [ ] 「システム思考」や「業務の仕組み化」を人材力・組織力強化のために用いることができるか否か（用いることができるならば具体的にどのような内容か）
- [ ] 人材力・組織力が高まった状態に関して、リアリティのあるイメージングを行う（独りで難しいようであれば複数人で実施）
- [ ] 第２章で決めた、「構造改革」か「漸進的変化」のいずれかのアプローチに関して、シナリオとマイルストーンを設定する

第 4 章

変革を実行するうえでの障害にプロアクティブに対処する

社員の3類型「リアクティブ」「パッシブ」「プロアクティブ」

人をいかに観るかは様々ありますが、ここでは人材力・組織力強化を図る際に起こりがちな障害という観点から、「リアクティブ」「パッシブ」「プロアクティブ」という3つについて触れていきます。

「リアクティブ」とは反応的という意味で、人の言動や目の前の出来事に反射的、無意識的に反応してしまうことを指します。例えば、上司から腹立たしいことを言われたら、ついムッとした表情をしてしまうような状態です。

「パッシブ」とは受動的、受け身という意味です。例えば、押しの強い取引先からの要求に唯々諾々として従ってしまうような状態です。

最後に「プロアクティブ」とは、先を見越した、事前に行動を起こした、先回りした、積極的な、前向きな、という意味です。例えば、依頼された資料作成について、依頼先から言われる前に詳細な内容やスケジュール、納期等を自分から案を出しつつ確認するような状態です。

人材に求めるものとして企業の人事の方が挙げる、主体性・当事者意識・「自分ごと化」等は、要するに「プロアクティブな人材」が欲しいということでしょう。

私たちの日常生活では、このリアクティブ、パッシブ、プロアクティブの3つが混在しているのが自然な状態です。好きなものに対してはプロアクティブだが、特に重きを置いていないことにはリアクティブ。また、自分では特に何もできない、何かを自ら発信する必要はないと感じる事柄にはパッシブ。リアクティブやパッシブであることは良くない、とは一概には言い切れないものの、人材力・組織力強化に際しては、従業員の多くがリアクティブ、パッシブであることは大きな障害になります。以下は、その点に焦点を当てます。

まず、結論を先にお伝えすると、変革（人材力・組織力強化）にあたり、多くの社員はリアクティブである、という想定で施策を講じるとうまくいきやすいです。その有効性を確認するために、社員がリアクティブな反応をする場面をいくつか例示します。

・中間管理職に、部内の改善計画、次年度の部署運営方針を出すように指示をすると、「上位方針が出ていないから決められない」と言われる
・部署のメンバーに、生産性向上策の一つとして会議の進め方を改めるように伝えると「やったことがないからできない」と言われ、何も変わらない
・残業を減らすように部下に伝えると「仕事が多いから残業は簡単には減らせない」と返される
・異動してきた部下に自らの業務上の課題と改善策を出すように指示をすると「今までの私の上司は私のことを評価してくれていたので、特に大きな問題はないと思っています」と言われる

いかがでしたでしょうか。これは、いずれも筆者が組織コンサルティングの現場で、直接的、間接的に見聞きした実際の出来事です。以上の例で共通するのは、リアク

ティブである本人たちがしっかりと向き合わないと業績評価等に影響してくるはずの事柄であるにもかかわらず、評価そのものが話題ではないためか、いかにもリアクティブな態度を取る点です。なお、その場では「分かりました！」と前向きな返答をしても、結局何もしないのもリアクティブな反応の一種です。

プロアクティブであることは、多くの企業の経営者、人事担当者が、主体性・当事者意識・「自分ごと化」等を自社の従業員に求めることから重要と考えて差し支えないでしょう。ただ、プロアクティブであるからと言って優秀な社員とは一概には言い切れません。その点について、以下、詳しく触れていきます。

プロアクティブである、というのは「求められていること」や「問われていること」（つまりｍｕｓｔ）に対してそうあることが必須です。従って「その人がしたいことだが求められていないこと」に対してプロアクティブであっても、一部の例外を除いて優秀な社員とは言い難いです。

一部の例外というのは、研究開発系業務のように長期的な取り組みに基づく業務や、新規事業企画、商品企画のような何が幸いするかが分かりにくい業務が該当します。

つまり、単年度で業績結果を問われる多くの業務では、「その人がしたいことだが求められていないことにのみ、プロアクティブな人材」は周囲からの評価が低くなりがちです。同様に、全てのｍｕｓｔにではなく、ある一部分のｍｕｓｔに対してのみプロアクティブな人材も問題視されることが多いです。

繰り返しになりますが、優秀とされる社員はプロアクティブであることが多いものの、プロアクティブだから優秀な社員であると一概に言えないことに注意しましょう。

ここまでの内容を整理します。変革（人材力・組織力強化）にあたり、従業員にお願い（要求）した事柄をそのとおりに実行してもらえることはむしろ珍しいので、「リアクティブに対応された際の対処をあらかじめ用意することが定石」ということです。リアクティブな人材にはプロアクティブに接することが大事です。

少々乱暴な言い方ではありますが、もしも、あなたの会社が正しくプロアクティブな従業員ばかりであれば、人材力・組織力強化はさほど難しくないでしょう。そこで、以下は、リアクティブな人の振る舞いを「変化への抵抗」という観点から詳述します。

「一般社員」からの抵抗とその対処法

「変化への抵抗」に関して、まずは一般社員から説明します。ここでの抵抗の意味は、「自分の考え方や行動を変えたくない」というものです。「抵抗＝自己防衛」ということであり、抵抗する人には変わることへの恐れや、現状への満足がある点をまず押さえるべきでしょう。以下、「合理化による自己防衛」「政治性に基づく自己防衛」「感情的行動による自己防衛」に分けて、「抵抗＝自己防衛」をその対処法と共に詳しくみていきます。

合理化による自己防衛

「合理化による自己防衛」には、まず成功パターンの刷り込み、簡単に言えば「今のままでも困らない」ということが挙げられます。また、サンク・コスト（埋没費用）への固執というのもあります。サンク・コストはある物事に投下している時間コスト、金銭コスト、労力等が全て含まれます。「ここまでやってきているから止めるわけにはいかない」という理屈です。「合理化による自己防衛」は企業の場合、長らくそのやり方を変えずに一定の結果を出してきているベテラン社員にしばしばみられます。

対処法としては、「施策のメリットを訴求する」「施策のリスクやデメリットを理解させる」等があります。

この点に関連して、私たち組織コンサルタントがしばしば用いる訴求ロジックに「環境Xが環境Yに変わることで、環境X下で有効だったAは、環境Yでは通用しなくなるので、AをBに変えていく必要がある」というロジック（「環境適応ロジック」）があります。

環境適応ロジックの例

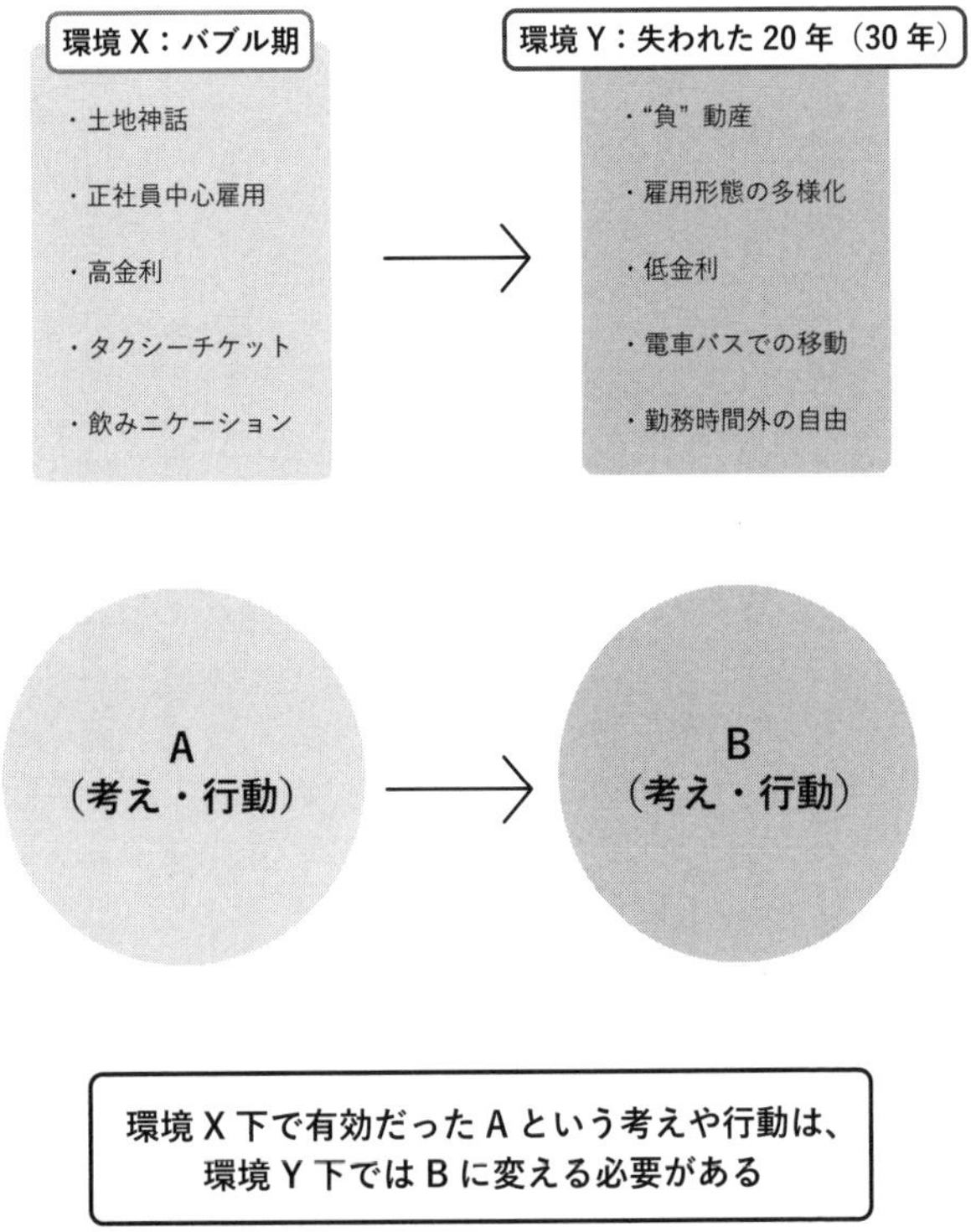

環境X：バブル期
・土地神話
・正社員中心雇用
・高金利
・タクシーチケット
・飲みニケーション
環境Y：失われた20年（30年）
・"負"動産
・雇用形態の多様化
・低金利
・電車バスでの移動
・勤務時間外の自由
A（考え・行動）
B（考え・行動）
環境X下で有効だったAという考えや行動は、環境Y下ではBに変える必要がある環境Xや環境Yには自社をとりまく外部環境（市場や顧客等）を、AやBには仕事の進め方の変化、組織の在り方の変化等を当てはめます。抵抗する人たちを否定することなく（当人たちが否定されたという感覚を持つことなく）、現状から変わる必要性を訴求するロジックですので、是非使ってみてください。

政治性に基づく自己防衛

「政治性に基づく自己防衛」には、自分の権限縮小への恐れ、自分の野心と取り組む事柄（方向性）の不一致、自分の評判低下への恐れが挙げられます。「政治性に基づく自己防衛」は企業の場合、一定の地位、居場所を確立している従業員、経営層にみられますが、同じ職場に長らく在籍している「職場の主《ヌシ》、お局様《ツボネ》」にも時にみられます。

ここで言う政治というのは人と人との関係性を指しますので、「周囲からみて自分はどう映るのか」「周囲との関係（上下関係）において自分は優っているか劣っているか」ということが気になるので抵抗する、というメカニズムです。

関連して、人間関係において「自分のほうが比較して優位」と思いたいことから、自らが「上」であると一方的に格付け、主張、アピールすることを少々取り上げます。

インターネット上でしばしば取り沙汰される「マウンティング女子」や「マウンティングおじさん」なる存在に関する記事を読むと、マウンティングの根底には不安心理があることがよく分かります。

「マウンティング女子」は「誰からも注目されない、無価値な私」への恐れがその根底にあります。また、「マウンティングおじさん」の心理には、リストラされる恐怖、所属している会社から用無し扱いされることへの耐え難さが見え隠れします。

「政治性に基づく自己防衛」の対処法には、「現実を体験させる、数字を突きつけるなど、シビアな現実を認識させる」、「一目置かれている人物の影響力を活用する」等があります。その際に重要なのは、抵抗する従業員の心理の奥底には現実を直視することへの（半ば無意識の）恐れがあるので、否定的な言動や現実への直視の強制をしないことです。まず間違いなく反発され敵対的関係になりますので、その点、慎重さが必要です。

感情的行動による自己防衛

「感情的行動による自己防衛」には、未知のものへの恐れ、自分の能力が通用しなくなるという不安が挙げられます。これは、企業研修の場では「中途半端にできる社員」が新しい事柄を学ぶ際に時折みられます。つまり、斜に構えた感じの参加態度や、こんな内容は意味がないと言わんばかりの振る舞いにより、そのような研修受講者は抵抗を示しているのです。ただ実際には、当の研修受講者は自分を守ろうとしているわけです。

似たようなことは職場で新しい取り組みを行う際にもあります。新しい取り組みに対して斜に構えた態度や、何かと理由をつけて集まりに参加しない態度の従業員がいる、ということはありませんでしょうか。それは「感情的行動による自己防衛」の可能性が高いです。

「感情的行動による自己防衛」への対処には、「危機感を高めることで当事者意識を持たせる」、「抵抗している本人の話を傾聴することを通じて、感情的な恐れや不安を受け止める」等があります。危機感を高める際には、「論理と事実をベースとする対話」が、また傾聴においては「ただ聴く」ことが、私たち抵抗に対処する側には求められています。「論理と事実をベースとする対話」も「ただ聴く」ことも実はかなり難度の高いスキルです。その意味で「感情的行動による自己防衛」への対処では私たちの力量が試されているとも言えます。

いずれにしても、抵抗に直面したら、抵抗を示す人の発言や行動をそのまま受け止めずに（つまり私たちが反応的＝リアクティブにならずに）、抵抗すなわち自己防衛と理解し、以上に挙げたような対応を取ることが、人材力・組織力強化の取り組みには必要不可欠です。

「管理職」からの抵抗とその対処法

ここでの管理職とは課長、グループ長等の呼称で呼ばれる中間管理職を想定しています。ただし、中小企業では部長職にもしばしば抵抗がみられます。中間管理職が取る抵抗で顕著なのは「もっともらしい『他責』の理由を持ち出すこと」です。その特徴は以下のとおりです（「第2章　『管理職』における日常的かつ本質的な問題」も一部含まれています）。

- 上層部から業績未達を責められると部下や環境のせいにする
- 部下からの業務上の悩み相談には、「会社が悪い」という言い方でごまかす
- 取引先から相談やクレームを受けると、社内事情（仕組みやルール）を盾に向き合わない
- 他部署からの依頼や協力要請に対しては、

自部署の忙しさを理由に協力的な態度を示さない
・社内の各種の取り組みに評論はするが自らは「汗をかかない」
・前職での待遇を基準に経費枠拡大や福利厚生の充実、ボーナス増額等を人事部相手に繰り広げる（中途採用された管理職に多い）

さすがにこれら全てを堂々と行っている中間管理職はいないと信じたいものの、これらは全て実話です。

現代の管理職は、いわゆるプレイングマネジャー（管理職の業務とメンバーが担当するような実業務を兼務している管理職）がほとんどと言われています。「プレイング」、すなわちビジネスの現場では一定以上の活躍をしているものの、「マネジャー」としては他責的な言動が目立つ。そんな管理職があなたの会社にはいませんか？

そのような管理職が増加する、あるいは野放しになってしまうことへの対処の方向性としては、「管理職登用ルールの変更」、「人事制度改定による処遇変更」、「管理職の役割と基本行動に関する教育指導の徹底」の3点セットをお勧めします。

この3点セットについて簡単に述べると、要は「管理職というポジションに居続けることは既得権益ではなく、すべきことをしていることとの交換条件」と管理職の在り方を変えることです。その方向で、既に筆者の顧客企業の多くは管理職の在り方を変更し、その結果として管理職が抵抗の源泉ではなくなり、変革の原動力として活躍するようにシフトしています。

管理職からの抵抗は、「合理化」が主でありながら、管理職というポジションであるがゆえに「政治性」もあるでしょう。また、自分自身が自社に有用な人材でないという評価を受けるのは耐え難いことから「感情的行動」もあります。しかしながら、企業側が先述の3点セットによりフェアな処遇や実践的な教育指導を実施すると、多くの管理職は責任感に基づき、自らのマネジメントとしての責任を果たそうと変化していきます。

「経営層」からの抵抗とその対処法

「経営層」からの抵抗という表現に対して違和感、または「そんなものは無いだろう」という感想をお持ちになったかもしれません。しかし、残念ながら世の日本企業の中には、取締役、執行役員、または役員に限りなく近い立場の部長などが、人材力・組織力強化への抵抗勢力というケースはしばしばみられます。それどころか、経営の実権を握る社長が抵抗勢力のボスということすらあります。あなたの勤める会社ではそのようなことが無いことを祈りつつ、以下、「経営層」からの抵抗とその対処法を取り上げます。

『取締役の心得』（柳楽仁史 著・総合法令出版）という書籍があります。『取締役の心得』は単に心得のみならず取締役があたるべき執務を詳述している好著です。その書籍中の「社内調整に明け暮れる『政治家病』にかかっていないか？」というパートに、以下のような一節があります。

「明日はA取締役にプレゼンするから、喜んでもらえる資料づくりを全力を挙げてやってくれ。それからA取締役に都合の悪い指摘事項は、必ず削除するように」

こんな忖度指示が本当に飛んでくるのだ。そして首尾よく報告会が終了し、その取締役が納得した姿を見てホッとすると、「よかった、いい仕事をしてくれた」と褒められる。

「この会社は本当に大丈夫か？」と疑問を抱きながらコンサルティングの仕事を続けるのは辛いものだった。（『新版 取締役の心得』153ページより抜粋）

筆者にも、ごくわずかですがこの話と近しい経験があります。ただ、その経験をここで開陳することはせず、引用した話とは対照的な、筆者が体験した実話を紹介します。

ある採用コンサルティング案件で、顧客企業の人事部長と二人で打ち合わせをしていました。その打ち合わせは筆者がその人事部長の意向をヒアリングしたうえで企画・作成した資料に基づき、ある採用施策を人事担当取締役に上申するためのものでした。一通り、筆者からの資料説明が終わり、構成や内容、表現等の確認が済んだ後に、その人事部長はこうおっしゃいました。

「清水さん、この資料は、これはこれでよいのだけれど、この資料を私の上司に見せると上司はこのページ（と資料を指しながら）について、より詳しい説明を求めてくると思うのです。ここはディスカッションしたい箇所かもしれない。ついては、お手数をおかけしますが、このページの後に、より詳細な内容を追加してもらえますか」

筆者もその人事担当取締役とは面識がありましたが、その方は、施策の目的や成果、そのための実行手段に重きを置く方でした。人事部長の要望はもっともだと感じ、その場で要望をお請けしました。打ち合わせ後にご要望内容を追加した資料を作成し、人事部長に提出しました。結果的に上申は問題なく通り、その採用施策は実現することになりました。

以上、2つの話を並べましたが、それぞれ話題となっている取締役を比較すると「経営・事業の目的や、自らの役割を踏まえて行動する取締役であるか否か」という点が異なるのでしょう。取締役（経営層）は社内でごくわずかな、目立つ人物ということもあり「政治性」を気にするのは致し方ないものの、この点は外せないところでしょう。

「経営層」からの抵抗への対処法はシンプルで、主に「政治性に基づく自己防衛」への対処をベースにすることです。特に、私たち人材力・組織力強化を目指す側が、「経営・事業の目的やそれぞれの役割に忠実に」人材力・組織力強化への協力を経営層に仰ぐという点が重要です。

くれぐれも敵視、悪者扱い、あえて敵を作るような言動は慎みましょう。筆者自身、組織コンサルティングをする時にはこの点に気をつけています。それでも「清水さんは〇〇役員を嫌っている」等と、事情をよく知らない一部の人たちから誤解されたことがあるくらいですので、難しいことはよく承知しています。

交渉力とコンフリクトマネジメントの重要性

抵抗を示す人に対しては「否定しない」「敵視しない」ことが重要としばしば言及していますが、言うは易く行うは難し、です。これには、端的にいえば交渉力と、コンフリクトマネジメントというビジネススキルが必須です。

交渉とは、業務上必要な、お互いの利害得失のために行う社内外の人（人々）とのコミュニケーションをここでは指し、要は特別なビジネス活動ではなく日常的に発生するものですが、コンフリクトとは、相反する意見・態度・要求などから双方が譲らずに緊張状態が生じることで、「対立」「軋轢」のことです。なお、ビジネススキルとして学んだ経験が無い人であっても、交渉力やコンフリクトマネジメントの要諦を踏まえて対人折衝ができる人は時に見受けられます。以下、交渉力及びコンフリクトマネジメントの重要性とその要諦を説明します。

戦国時代の武将たちの多くが遭遇したような、戦いに負ければ取り潰し、御家断絶というような社内抗争は、事業効率上は全く得策ではありません。このように書くと「お前はビジネスの厳しさを分かっていない」という声が聞こえてきそうです。しかしながら、筆者は、とある有名メーカーでの、一般には報道されていない「骨肉の争い」を関係者から直接聞いたことをはじめ、反対勢力を社内から放逐してしまった企業の実例をいくつかこと細かに知っています。それらの実例から窺えるのは「そのレベルでの社内紛争が起きると一般従業員は本業に集中するどころではない」ということです。特に、中小企業では、その従業員規模にもよりますが、従業員が心穏やかでない状態で日々の業務遂行をしなければならなくなるでしょう。そのような状態で、高い生産性の発揮を従業員に期待できるでしょうか？

確立された収益構造（仕組み）で儲けられる会社であればともかく、そうでない会社であれば、社内政治が安定していないと本業への注力は難しくなり、事業効率面で全く割に合わないです。それが交渉力及びコンフリクトマネジメントが重要な理由です。

では、抵抗する側も抵抗に対処する側もお互いに同じ会社内で働き続けるという前提のもと、交渉力とコンフリクトマネジメントを駆使して、最終的には調和的な解決を図る場合、何が要諦なのでしょうか。

交渉力及びコンフリクトマネジメントの詳細にはここでは立ち入りませんが、その要諦は、「共通のゴール設定」「自覚的な交渉スタイルの確立」「実質的問題と感情的問題の区別」「コンフリクトの根本原因の把握」の4点に整理できます。

共通のゴール設定

まず「共通のゴール設定」とは、経験あるビジネスパーソンがしばしば用いる「落としどころ」に相当します（ゴールとは到達点の意味）。必ずしも理想形ではないかもしれないが、今よりも確実に良くなることや前進することが見込める「落としどころ」を常に探りながら抵抗への対処を図ります。

交渉の場面では、手段、方法や諸条件には多く言及するのに、ゴールに言及しないケースがしばしばみられることですので、注意が必要です。

不思議なもので、共通に目指すべき（目指したい）ゴールについてお互いに情報や意見の交換をしていると対立状態から調和的な状態に移行してきます。抵抗を示す人たちと共通のゴールに関して話し合ってみましょう。

自覚的な交渉スタイルの確立

2点目は「自覚的な交渉スタイルの確立」です。世の中には交渉術やネゴシエーションスキルという形でノウハウを著した書物が多く出回っています。しかしながら、忘れてはならないのは「それらのスキルは、スキル（技能）である以上、一定の訓練のもとで身につく性質のものである」という事実です。

多くのビジネスパーソンが交渉術・ネゴシエーションスキルを集中的に訓練する時間や機会を確保できるとは少々考えにくいです。そこで、まずは、日常的に生じる各種の交渉の場で、自らが何を考え、何を話し、相手がどのような言動を取って、最終的にどうなったのか、という「自己観察」から始めましょう。そして、そこから「自分なりの特徴や癖を把握」し、「それを補えるスキルをそれらの書物から学び実践する」と効率的です。

そのような取り組み方は、書物の知識を鵜呑みにして分かったつもり、できているつもりに陥ることなく、自分自身の交渉のスタイルを踏まえつつ交渉力向上を図るので「自覚的な交渉スタイルの確立」ということになります。

なお、先述の「リアクティブな人材にはプロアクティブに接する」とは表現を変えた「自覚的な交渉スタイルの確立」の勧めに他なりません。

実質的問題と感情的問題の区別

3点目は「実質的問題と感情的問題の区別」です。これはコンフリクトマネジメントの要諦と筆者は認識しています。実質的問題とは経営方針や実行手順、役割と責任という事業運営上の問題を指します。一方、感情的問題とは当事者のそれぞれが相手に対して抱く個人的な認識や感情に起因する問題を指します。

例えば、あなたが上司だとして、ある部下に期限までにある報告書の提出を指示したとします。そこでその部下が期限ギリギリになって報告書を提出してきましたが、その内容はとてもそのまま使えるものではなく、しかも部下自身が提出前に全く見直しや修正をした形跡がない、というものでした。そのようなこと（期限ギリギリの提出と報告書の内容が要求レベルに達していない点、見直し等を全くしていないこと）はもう何度も起きていることです。

さて、以上はいわゆるケーススタディながら、この種の話は実際にしばしば聞きます。この例における実質的問題と感情的問題には、それぞれどのような内容が挙げられるでしょうか。

この例における実質的問題は、「期限ギリギリの提出と報告書の内容が要求レベルに達していない点、見直し等を全くしていないこと」であり、先の定義で言う「実行手順、役割と責任」に相当するものです。一方、感情的問題として挙げられるのは、「同じことを繰り返す部下への失望や苛立ち、上司側の負荷を鑑みていないかのような仕事の進め方への怒り、要求レベルを満たしていない報告書への対応を取ることへの気の重さ等」が挙げられるのではないでしょうか。

このケーススタディを単純に捉えると実質的問題に集中してそれぞれの原因追究と

対策立案をして、実行すれば済む話です。しかしながら現実は恐らくもう少し複雑です。

しばしば感情的問題が実質的問題にすり替えられたり、逆に実質的問題を当事者たちが感情的問題として捉え始めて解決が遠のくこともあります。

この例で言えば、「部下への苛立ちに起因して、部下の報告書提出の時のものの言い方が気になり始める」、「何度も同じ誤りを繰り返すのは上司である私を軽くみているからだと捉えてしまう」などが実質的問題を感情的問題として上司が認識し始めることとして考えられます。

このように、現実のビジネスの世界、会社で起きる様々な事柄は、実質的問題と感情的問題がセットになっていることが極めて多いです。

基本的には実質的問題に集中してコンフリクトを解消しますが、その際に感情的問題は無視できないことから、「相手へのものの言い方に配慮する」、「お互いに約束を守る」、「時にお互いがお互いについて感じていることを伝えあう」等の手段が必要になってきます。なお、感情的問題に配慮した言動を取れない人のことを「あの人は誤解されて損しがち」と評したりしていませんか？

コンフリクトの根本原因の把握

4点目は「コンフリクトの根本原因の把握」です。コンフリクトが起こる原因としては、まず時間的制約、予算制約、資源配分、業績へのプレッシャー等の「外部要因」が挙げられます。また一方で、対抗意識、相性、仕事上のスタイル、ストレスの許容度等の「内部要因」と呼ばれるものもあります。外部要因については簡単に変えられないものが少なくないので、ほぼ必然的に内部要因に焦点を当てて解決を図ることになります。

もちろん、時間的制約、予算制約、資源配分、業績へのプレッシャー等が解消または緩和できるのであれば、まず真っ先にその点への対処を図るべきです。戻って内部要因に関して、平たく言えば「変えられるものに集中する」ということが重要になります。簡単にまとめると以下のようになります。

- 対抗意識があるがゆえに問題がこじれているのであれば、対抗意識を捨てる（または薄める）
- 相性の問題は双方の思い込みに起因していることが多く、まず思い込みを手放し、その後具体的な問題解決を図る
- 仕事上のスタイルは今まさに日本の多くのホワイトカラーが直面していること（働き方の改革・改善、リモートワーク等）
- ストレスの許容度はストレスマネジメント、コーチング、アンガーマネジメント、レジリエンス等々、様々な方法論やノウハウが世に公開されているのでそれらの知見を活用する

ビジネススキル研修の多くは、この内部要因の解決または緩和に作用する（作用すべき）存在と言えます。なお、抵抗する側と抵抗される側の間では、対立が深刻化するにつれ、往々にして最初の原因とは関係ないものが原因として仕立て上げられることがあるので、その点に惑わされないようにしましょう。

自社人材による変革のメリット／デメリット

ここまで本章をお読みになって、どのような感想をお持ちになったでしょうか。障害に対処する要点や対処法が、より明確になったことで「よし変えていこう！」という気持ちなのか、それとも「物事を変えていくというのは何かと面倒くさいな」という気持ちなのか、あるいはまた別の感想をお待ちでしょうか。いずれにしても、人材力・組織力強化に向けて、何らかのアクションを取っていく必要が、恐らく存在することでしょう。そこで、以下では、自社人材、つまり自社内部の人材のみで変革を図る場合のメリット／デメリットを事例に即して整理します。

自社人材による変革のメリットは以下の3点に集約できます。

【自社人材による変革のメリット】

①外部ベンダーを活用する時よりも費用がかからない
②関係者間のスケジュール調整が外部ベンダー活用時よりも楽である
③変革をやり遂げた際の達成感と組織への定着度合いが高い

一方、そのデメリットは以下の4点が挙げられます。

【自社人材による変革のデメリット】

①変革に至る展開やポイントを手探りで行わざるを得ないことが多い
②社内事情の変化により、取り組みが中断または遅延しやすい
③取り組む側の立場に都合の良い事柄を並べているだけではないかと不信感を抱かれ、話が通じないことがある
④万が一、取り組みが不成功に終わった際に、社内がギクシャクしがち

以上、メリットとデメリットを列挙しましたが、その内容をもう少し詳細にみてい

きます。まず、メリットの①と②は特に説明不要と思います。メリットの③は、例えばメーカーにおけるカイゼン活動が挙げられます。

筆者はメーカーで問題解決の企業研修の講師を務めることがありますが、カイゼン活動を積極的に実践し、かつ成果を挙げている方は、概して問題解決に対して自信を持っており、自身または所属部署の取り組みを堂々とお話しされます。また、別の例としては、新規顧客開拓やコスト削減、社内のペーパーレス化等の取り組みを挙げることができます。それらの成果は明瞭に出ますので、自社内部人材のみで取り組んで結果が出た際は、時に社内表彰等の形でその取り組みが推奨され、企業内に広くその取り組みが伝播していくものです。

次にデメリットの①についてです。見方を変えれば類似の取り組みを成功させた経験がある人材が社内に存在する場合、その人材が持つ知識・経験を活用できます。ただ、その場合でも後で取り上げる事例のように失敗してしまうケースがあります。

デメリットの②は外部ベンダーを活用する場合でもありえることですが、外部ベンダーを活用する場合は、プロジェクト（案件）として社内調整、決裁を正式に取り、開始している手前、ただちに「ちょっと継続が難しくなってきたので止めます」とは言いづらいものです。

デメリットの③については企業研修においても「講師に語ってもらうことで、伝達したい事柄の正しさを理解してほしい」といった依頼はよくあります。

デメリットの④については次に述べる事例で取り上げます。

ある会社で、社内業務の効率化が話題になりました。その経緯としては業界大手から転職してきた人たちが、その会社（中小規模の企業）の仕事の進め方にムダを多く見つけて、このままではいけないということで声を挙げたものです。

そこまでは良かったのですが問題はそこからで、その転職者たちは社内のムダ（彼らから見てダメと思えるところ）を全て洗い出して資料にまとめ、それを社内に公開したのです。そこで起きたことは既存社員からの抵抗でした。そして、資料の内容が正しいか否かという問題そっちのけで、感情的なもつれ（コンフリクトの発生）が起きてしまいました。

以下、詳細は割愛しますが、結果的にその会社ではその後しばらく全社的な業務効率化を話題にするのは止めようという空気が支配してしまいました。「他部署のことは他部署のことだからお互いに関わらない」というセクショナリズムと部分最適な志向が強くなり、かえって全社的にはムダ、非効率がより増えてしまったという顛末です。

この事例は、直接的にはデメリットの①、③、④に関する内容ですが、抵抗やコンフリクトが生じてしまい社内に傷跡を残してしまったのが残念な点です。

以上をまとめると、「自社の人材のみで人材力・組織力強化を図るのは大切なことであるものの、現実の事例を鑑みるに、そのデメリットやリスクが少なからず存在する」と言えるでしょう。

外部ベンダー活用による変革のメリット／デメリット

外部ベンダー活用による変革のメリット／デメリットを整理するにあたり、重要な前提が二つあります。一つは筆者が経営する企業が顧客企業からは外部ベンダーに相当するので、「外部ベンダーを使うといいですよ」という結論のほうが筆者のビジネス的には都合が良いという点です。

もう一つは外部ベンダーと言ってもそれこそ玉石混淆、有象無象である点です。これら二つの前提を踏まえ、以下のメリット／デメリットは一般論として、かつ少し割り引いて捉えていただければ幸いです。

外部ベンダー活用のメリットは以下3点が挙げられます。

【外部ベンダー活用のメリット】

①変革に至る道筋のガイド（ファシリテーター）役として頼れる
②変革に至る際に起こりがちな障害への「対応の引き出し」が豊富
③取り組みに関する権威付けや客観性を社内的に訴求しやすい

一方、そのデメリットは以下4点が挙げられます。

【外部ベンダー活用のデメリット】

①一定の費用が発生し、自社の損益に影響を及ぼす
②プロジェクトの事務局ないし運営体制を整える必要があり、その担当者の負荷が多岐にわたる
③外部ベンダーへの発注の仕方によっては「うまくいったかどうかよく分からない」決着の仕方をしてしまうことがある
④外部ベンダーに依存的になり、当事者たちが自分の頭で考えなくなるリスクがある

このように、外部ベンダー活用による変革のメリット／デメリットを整理すると、外部ベンダー選定には「目利き力」が必須であると実感します。筆者自身、自社の経営の必要性から外部ベンダーを活用することがしばしばありますが、例えば自社のホームページ制作一つ取っても「以前のベンダーは何だったんだ」と感じざるを得ないくらいに、会社によってそのサービスのレベルは大きく違います。

中小企業こそ「時間をお金で買う」べき

先述のメリット／デメリットを踏まえて「中小企業こそ『時間をお金で買う』観点

から外部ベンダーを有効活用すべき」と筆者は考えます。

一般的に、中小企業は人員に余裕が無いことが多く、通常業務とは別に、パワーがかかる案件を手探りで担当するのはとても大変だと推察されます。

特に人材力・組織力強化という、何かと厄介な案件を遂行することには困難が伴うことが多いのではないでしょうか。正確に言えば「時間をお金で買う」のではなく「ノウハウや結果をお金で買う」発想で外部ベンダーを積極活用することをお勧めします。

弊社のホームページリニューアル案件においては、コロナ禍の影響でスケジュール遅延を来しましたが、その際に発注先の外部ベンダーが実に色々な対応策を提示し、かつ積極的に対応してくださったことで、ホームページそのもののクオリティはもとより進行面においても満足度の高いものとなりました。発注先がその外部ベンダーだったからこそ、そのような結果を得られたのだろうと思っており、今でもその外部ベンダーに感謝しています。

また同時に、筆者も外部ベンダーの経営者として、そのように顧客企業から感謝される存在でありたいと思います。

第4章 まとめ

人材力・組織力強化の実行に関して、以下3点を必ず、あらかじめ検討し、実行時の「障害」に備えるべき

◉人材力・組織力強化という変革を実行する際には、「一般社員」、「管理職」、「経営層」からの、「合理化」、「政治性」、「感情的行動」等に基づく様々な抵抗があるものと心得、その対処法をあらかじめ（プロアクティブに）用意しておくことが必須

◉抵抗への対処では、交渉力とコンフリクトマネジメント、つまり「共通のゴール設定」、「自覚的な交渉スタイルの確立」、「実質的問題と感情的問題の区別」、「コンフリクトの根本原因の把握」を実践する

◉「自社人材による変革のメリット／デメリット」及び「外部ベンダー活用による変革のメリット／デメリット」はそれぞれあるものの、中小企業の実態を鑑みるに、「時間（ノウハウや結果）をお金で買う」発想で外部ベンダーを活用すべき

人材力・組織力強化アクションリスト❹

以下のリストに沿って、自社の人材力・組織力強化のための取り組みを実行する際の、具体的な検討を行いましょう。なお、抵抗への対処では、「共通のゴール設定」、「自覚的な交渉スタイルの確立」、「実質的問題と感情的問題の区別」、「コンフリクトの根本原因の把握」をどのように実践すると良いかも検討しましょう

- □「一般社員」から「合理化」、「政治性」、「感情的行動」等に基づく抵抗が生じるか否か、また、生じると想定される場合、抵抗の内容とその対処を検討する
- □「管理職」から「合理化」、「政治性」、「感情的行動」等に基づく抵抗が生じるか否か、また、生じると想定される場合、抵抗の内容とその対処を検討する
- □「経営層」から「合理化」、「政治性」、「感情的行動」等に基づく抵抗が生じるか否か、また、生じると想定される場合、抵抗の内容とその対処を検討する
- □「自社人材による変革のメリット（3点）／デメリット（4点）」及び「外部ベンダー活用による変革のメリット（3点）／デメリット（4点）」を詳細に検討し、かつ「時間（ノウハウや結果）をお金で買う」発想も考慮し、自社人材のみでの取り組み、もしくは外部ベンダーを活用する取り組みのいずれが妥当かを決定する

第 5 章

外部ベンダー活用による人材力・組織力の強化

会社を内から変えるか、外から変えるか

「会社を内から変える」とは、自社の人材力・組織力強化全体、またはその施策に関して、「企画立案・計画策定・実行・検証」をもっぱら社内の人材が担うという意味です。一方、「会社を外から変える」とは、同様の「企画立案・計画策定・実行・検証」のいずれかにおいて、外部ベンダーを活用しつつ進めるという意味です。

会社というものはしばしば身体に例えられます。その例えで言えば、事業の遂行が何らかの運動（例えば陸上競技や球技、格闘技など）であり、その運動での結果が会社の業績に相当するでしょう。会社を内から変えるか、外から変えるかのいずれにしても、望む結果を得たいのであれば、事業の遂行（運動＝取り組み）を変える必要があります。そこでまず、一つの話を取り上げます。

ある人（以下、Ａさんとします）がダイエットを志しました。Ａさんにとってダイエットは人生で何度目かのチャレンジでした。その度ごとにマイナス5キログラム、マイナス8キログラム等としっかりと結果は出ていましたが、いつしかリバウンドしてしまう。そんなことをかれこれ10年以上繰り返すうちに、気づけば90キログラム近い体重になってしまっていました。

このＡさんは、とあるきっかけで「この日までにはきっちりとダイエットをしたい！」と強く思ったのですが、そこで脳裏をよぎったのは、これまでのダイエットの失敗でした。中途半端な結果に終わってしまうことは、これ以上繰り返したくない。そこで「我流、自己流ではなくプロの言うことを聞いて、ダイエットをやってみよう」と、Ａさんは、あるパーソナルジムの無料カウンセリングを受けることにしました。結果的にＡさんは、そのパーソナルジムに通いながら、健康的に15キログラム以上の減量に成功し、その後大きなリバウンドもなく毎日を過ごしています。以前のＡさんを知っている人は皆、Ａさんを見て「雰囲気が変わりましたよね、痩せましたか？」と尋ねてきます。

Ａさんのダイエットがうまくいった秘密は、「脂質（脂肪）を取りすぎていた食生活の改善」にありました。カウンセラーのアドバイスに従って忠実に食生活を改善した結果、Aさんは以前とは比較にならないくらいにスムーズかつ健康的にダイエットができたという次第です。

この話のポイントは、Aさんはパーソナルジムでカウンセラーから脂質過多の食生活の改善を指摘されるまで、全くその必要性に気がついていなかったことです。Aさんはダイエットに関する書籍も何冊か持ち、インターネット上のダイエット知識もまめに見ていましたが、Aさん自身は、自らが脂質過多の食生活にどっぷりとはまっていることに全く思い至らず、よって、日々の食生活をどう改善すればよいかも知らなかったのです。

以上、Aさんの話は、よくあるダイエット成功の一例に過ぎないとも言えます。しかしながらここで重要な点は、会社を変える際にも同じような問題点、つまり「自社の真の問題点に気づかないでいるか、気づいていても何らかの理由でその実践が阻害されがち」という点です。これは、第4章にて取り上げた「外部ベンダー活用による変革のメリット／デメリット」の中の「①変革に至る道筋のガイド（ファシリテーター）役として頼れる」に対応します。以下、「真の問題点」の例をいくつか挙げます。

・「従業員の業務効率化」に対する真の問題点は「事業拡大に伴った組織体制や業務の進め方の確立、及び中間管理職の時間の使い方」
・「部長層の組織マネジメント」に対する真の問題点は「社長・役員層から部長層への権限移譲や意思決定プロセス」
・「管理職を担える人材の不足」に対する真の問題点は「若手層がキャリアプランを描けていないことと日常業務の任せ方」

ここで挙げた「真の問題点」は、ケースバイケースで変わってくるものです。「従業員の業務効率化」に関して、個々の従業員の時間管理や作業管理の徹底で解決するケースもあれば、ここで挙げたように、組織的な問題解決が必須となるケースもあります。このあたりが、外部ベンダーによって、どのように問題を見立てる（捉える）かに違いが生じてくるところです。その点も加味して、「会社を内から変えるか、外から変えるか」を選択する必要があるでしょう。

「できない理由」と思える事柄は「行うべき理由」

第4章にて取り上げた「外部ベンダー活用による変革のメリット／デメリット」の中の「②変革に至る際に起こりがちな障害への『対応の引き出し』が豊富」について、変革に向けて第一歩を踏み出す際に押さえるべき内容を以下に整理します。

まず、ほとんどの会社には「組織のしがらみ」があり、何らかの変化を起こそうとすると、そのしがらみが障害となることがあるでしょう。端的に言えば「しがらみがあるから変えられない」のではなく「しがらみを変化・緩和するように外部の力を利用する」スタンスのほうがうまくいきます。その際には立ち居振る舞いやもの言いに中立性が感じられる外部ベンダーに依頼するほうが良いでしょう。

一方、人材力・組織力強化に際して、しばしば難しさを感じるという内容を以下に整理しました。

・自社内に停滞感、マンネリ感、既決感（何を言っても、やってもどうせ何も変わらないという感覚）等、変化が起きにくい社風が感じられる

- 自社内でかつて人材力・組織力の強化に取り組んで失敗したことがある
- 意思決定プロセスにおいて、自社内に「声の大きい」有力者（社長を含む）がおり、新しい施策に取り組みづらい
- 業務が多忙であり、人材力・組織力強化に着手しづらい
- 自社の人材・組織を変える必要性は感じるものの「何をどのように変えていけばよいか」が不明確

お気づきかもしれませんが、これらの5つは「人材力・組織力強化をやらない理由」ではなく、むしろ「人材力・組織力強化を積極的に行うべき理由」に相当します。これらの5つの事象が感じられても何もしないというのは、例えて言えば、「健康診断で、血糖値が高い、高血圧、肝機能数値も悪く、日常生活も不健康そのものなのに、忙しいから病院に行けない（行かない）」というのとほとんど一緒です。大切な身体（組織）を確実に蝕んでいきます。前掲の5つ全てに関して思い当たる節がある場合は、変革に向けて強い力が必要になってくるという意味で、「会社を内から変える」よりも「外から変える」アプローチをお勧めします。

外部ベンダー選定の観点

外部ベンダー選定の観点は、「中小企業特有の事情を踏まえた対応への柔軟性」、「コア・コンピタンスに裏打ちされたサービスの提供可能性」、「人材力・組織力強化のために真摯な対話ができるか」という3点です。一般的に言って、ベンダー（供給業者）というのは、同一の商品・サービスを提供しているようであっても、その内容は多様性に富んでいます。さらに、ベンダー側の担当者によって供給を受ける側の満足度は大きく変わりますので、選定の観点はとても重要です。

選定の観点①

中小企業特有の事情を踏まえた対応への柔軟性

第2章で触れたように、大企業と中小企業とでは人材力・組織力強化を図るうえでの違いは明白なので「中小企業特有の事情を踏まえた対応への柔軟性」は必須の観点です。

中小企業と一口に言っても、その内情は様々です。それらの内情をあえて何らかの切り口から整理すると、「業種」、「規模」、「成長フェーズ」、「オーナー系・非オーナー系」、「親会社・子会社」等が挙げられます。以下、それらの切り口ごとに傾向をみてみましょう。ただし「会社の良し悪し」をここで評しているのではなく「人材力・組織力強化における考慮要因」として取り上げている点にご注意ください。

「業種」における傾向には「自社の事業の特徴から、人材力・組織力をみる見方が形成されやすい」というものが挙げられます。例えば、モノづくりの企業であれば「詳細な事項も含め、確実に決められたことをやり遂げる」人材を良い人材とし、組織全体の調和を重視する傾向があるようです。

一方、販売に携わる企業であれば顧客の要望に速やかに、かつ的確に対応できる人材が良い人材で、企業としては活気や前向きさを重視しているように映ります。

アパレルや不動産仲介など業界特有の慣行が比較的多い業種は、それらの慣行に沿って（つまり、顧客向けの対応と内部的な事情の両方を考慮しつつ）仕事を進められる人材が活躍するように見受けられます。

ＩＴ系企業、コンサルティング業、エンジニアリング業などは、個別の案件において自ら構想・企画・設計を行い「一品一様」のサービスを納期までに確実に仕上げていく力を持つ人材を優秀な人材とし、個々人の力量、特に業務遂行能力を組織的に重視すると考えられます。

「規模」に関しては「従業員50人から１００人の壁」という言葉があります。これは、従業員50人から１００人規模の企業は、組織が拡大するか否かの境目にあることが多く、かつ事業が成長している場合は、様々な組織課題が噴出するというものです。「従業員50人から１００人の壁」を乗り越えてはじめて会社組織として形ができると考えられていますが、現実的には、この壁を乗り越え切らずに、事業が拡大している一方で、組織は「拡大というよりは肥大」状態にある会社も散見されます。「最近、会社の中で名前と顔が一致しないことが増えてきた」という規模感になってくると、全社的な一体感の希薄化への対応や各種の規程・ルールに基づいた事業・組織運営が重要となってくる、というセオリーも「規模」に関してはあります。

「成長フェーズ」に関しては「試行期・拡大期・多角期・再生期」という４つの事業フェーズの個々における事業課題に対応して組織課題が存在すると考えられています。先述の「従業員50人から１００人の壁」は、試行期から拡大期に差し掛かる時点での組織課題の一つです。また、事業フェーズによって、求められる人材に違いが出てきます。例えば事業フェーズが「再生期」の会社は、「スクラップ・アンド・ビルド」ができる人材が事業の再成長のために重要視される、という具合です。

「オーナー系・非オーナー系」に関しては、「所有と経営の一体化、または分離」がポイントになります。つまり、非オーナー系（所有と経営が分離されている）企業の場合は、企業の所有者、つまり株主に対して説明責任や結果責任、利益還元が求められることから「きっちりとした」経営になる傾向があります。比較してオーナー系企業、特に非上場会社は、そのオーナー（社長）の人柄や性格が経営スタイルや事業展開、社風に大きく影響していると断言できます。

「親会社・子会社」について、大企業の子会社の場合では、子会社は親会社からの人材の受け皿（特に管理職・役員）という面を求められていることから、従業員は自分自身の仕事や私生活、または職場内での人間関係に注力していく傾向がみられ、社内で出世するぞという「ギラギラした」従業員は少ないようです。

ここまで、「業種」、「規模」、「成長フェーズ」、「オーナー系・非オーナー系」、「親会社・子会社」等の切り口から少々詳しく中小企業の内情に触れました。ここでのポイントは、外部ベンダー選定基準の一つとしての「中小企業特有の事情を踏まえた対応への柔軟性」でした。貴社の人材力・組織力強化において外部ベンダーを活用する際には、中小企業の事業や組織の実情を理解しており、特に貴社と何らかの点で類似する企業へのサービス提供実績があるか否かを確認することをお勧めします。

一方、当然のことながら、サービス提供面・スケジュール面・費用面で多少の融通が利くかも重要です。「大手の企業に任せておけば安心」というのは確かにそのとおりでありながらも、大手の外部ベンダーに依頼する際には必ず下記チェックポイントを確認しましょう。

大手ベンダーに発注する際のチェックポイント

①見積書や発注書に記載されているサービス内容が厳密に定められており、少しでもその内容から外れるような場合に追加費用が発生するか否か

②人事制度改定のような案件でコンサルタントが担当する場合、「エース級コンサルタント」ないし、担当業務において一定の実績を有するコンサルタントが担当するか否か

③貴社の内部事情で案件の目的や対象範囲、納期などが変更となる場合に柔軟に対応してもらえるか否か

以下、前述の①から③に関する補足です。①については、大手企業ほどその内部での費用管理が厳密であり、よって、貴社を担当している営業パーソンとしては融通を利かせたいと思っていても、往々にしてその外部ベンダー内部のルールでNGとなってしまうことがあります。

②については、商談の場面ではその外部ベンダーのエース級コンサルタントが同席しているものの、実際に案件が開始すると別のコンサルタントが主担当となり、「エース級コンサルタントは品質管理・後見をしていますので大丈夫です」となるケースが多いです。しかしながら、エース級コンサルタントが正しく品質管理・後見できるか否かは、実は主担当のコンサルタントの報告・連絡・相談の能力によっており、その能力に問題があるとエース級コンサルタントは「案件が火を噴いた時の火消し役」で登場することになります。

③については中小企業では、人手不足や顧客対応などの関係で「外部ベンダーに最

初に発注した時点とは社内事情が変わるなどして当初予定どおりに進められなくなること」が時として発生すると思います。具体的には納期短縮や、追加費用NG、全く別の事情で案件そのものの目的や作業範囲を変えざるを得ない、等が挙げられます。その際に貴社（発注側）としては、外部ベンダーに対して「事情を汲んで追加費用が発生しない形で調整してもらえれば助かる」と考えるのではないでしょうか。

以上、「選定の観点①　中小企業特有の事情を踏まえた対応への柔軟性」について言及してきました。サービス提供はされたものの結果が伴わない、予想外の追加費用がかさむ、スピード感が伴わない等のデメリットが生じることを回避するためにも、外部ベンダー選定時にはこの観点をご活用ください。

選定の観点②

コア・コンピタンスに裏打ちされたサービスの提供可能性

かつて、著者が在籍していたリンクアンドモチベーションという組織人事コンサルティング会社は、創業1年目にして1億円を超える売上を達成していました。

また、創業当時から「モチベーションエンジニアリング」、「モチベーションカンパニー」などという概念が大変な注目を集め急成長を果たしています。このように「何か」を持っている会社、格好よく言えばコア・コンピタンス（核となる強み）がある外部ベンダーは選定するに足るでしょう。この「何か」（コア・コンピタンス）には、「本質的かつ新しい」ことと何らかの理論的裏付けの2点が必須です。例えば、企業経営における「モチベーション」というテーマは、リンクアンドモチベーションが創業する前から、「マズローの欲求5段階説」や「ハーズバーグの二要因理論」等で取り上げられており、いわば古くて新しいテーマです。リンクアンドモチベーションの創業メンバーは、これらの理論のみならず、様々な組織心理学や組織行動学、人的資源管理等の知見を学習しており、そのうえで「モチベーション」を世に問い、そして一定の支持を得たのです。

一方で留意していただきたい点もあります。３６０度評価と言って、対象者の上司や周囲、部下などから対象者本人に関する評価（通常は定量的な評価と定性コメント）を集めて、対象者本人にフィードバック（それらの評価をもとに対象者本人に自己認知を深めて改善を求めること）をする手法があり、そのサービス提供をする外部ベンダーは少なからずあります。ただ、この３６０度評価という手法はリスクも大きく、本来はフィードバックの仕方には専門的な裏付けのあるやり方があります。しかしながら、３６０度評価はある程度有名な手法ということもあり、残念ながら安易にサービスメニューに取り入れている外部ベンダーも存在します。３６０度評価を外部ベンダーからの提供により実施する際には、フィードバックの方法をしっかりと提供してくれるベンダーをお勧めします。

360度評価と似たような事情は、組織診断（組織サーベイ）にもみられます。著名なコンサルティング会社が提供する組織診断には、まずありえないことなのですが、「診断はしたけれど処方がない」組織診断が世の中には存在しますので注意しましょう。実際に「診断結果を見て『で、どうすればよいのでしょう』と問いかけたものの、弊社は診断だけですから……と言われて困った」ということが起きています。必ず、組織診断の結果に対する処方（具体的には何らかの研修やコンサルティング等）が提供可能なベンダーを、または解決の方向性を具体的に提示可能なベンダーを選定しましょう。

つまり、ありきたり、とおり一遍のサービスを提供されるだけの結果に陥らないように、「コア・コンピタンスに裏打ちされたサービスの提供可能性」を押さえることが必須です。併せて、外部ベンダーにより提供されるサービスのBefore/Afterが明確か否かもチェックしましょう。

選定の観点③

人材力・組織力強化のために真摯な対話ができるか

人材・組織コンサルティング会社、研修会社に限らず、一般的に外部ベンダーは「顧客に関して分かってはいるが黙っていること」が少なからずあります。これは、外部ベンダー側の立場に立つと理解できることでしょう。余計なことを言って顧客の機嫌を損ねて、結果的に取引が終わってしまうリスクがあるからです。ここで、顧客側に立つともったいないのは、顧客にとって有益な「顧客に関して分かっていること」を外部ベンダーが黙っていることです。そうならないために、外部ベンダーを選定する際に「人材力・組織力強化のために真摯な対話ができるか」が重要というわけです。その一例を以下に取り上げます。

あるＩＴ系の会社でのことです。各種ＩＴプロジェクトの管理において、プロジェクトマネジャーが行う進捗報告の内容の貧弱さ、進捗遅れへの対応スピードの遅さ、対応措置の悪さ等が問題視され、プロジェクトマネジメントの研修を実施しようという話になりました。その結果、複数の研修会社が候補として挙げられ、各社が研修内容の提案をしていきました。ただ、その中で、ある研修会社が、その会社の人事担当者にヒアリングをする中で気づいてしまったのは、真の問題は、プロジェクトマネジメントのスキルの欠如ではなく、基本的な仕事の進め方や報告スキル等にプロジェクトマネジャーたちの改善課題があるだろうということでした。

しかしながら、プロジェクトマネジメント研修の発案者が、その会社の社長であったためか、プロジェクトマネジメントのスキル向上ということ自体が是か非かは、特に人事担当者から話題にされませんでした。また、相談を受けた複数の研修会社のいずれもが、その点について言及しませんでした。社長がプロジェクトマネジメントというからには、プロジェクトマネジメントということで進めよう、というスタンスだったようですが、結果的に真の問題点を覆い隠すことになってしまったわけです。

この例に限らず、外部ベンダーはその分野のプロフェッショナルとして、通常は顧客には伝えないような専門知識・知見・事例を多く持っているものです。わざわざ（高い）報酬を支払い外部ベンダーに発注するのであれば、外部ベンダーの豊富な知見を引き出すべく、テーマに関する多様な質問を投げかけ、外部ベンダーの見解を聞き出すことをお勧めします。

「採用コンサルティング」の傾向と対応例

以下は、人材力・組織力強化のために、外部ベンダーに各種コンサルティングを依頼した場合のイメージをつけていただくために、筆者が過去に担当したコンサルティング案件をベースに、「傾向と対応例」をご紹介します。当然ながら守秘義務に抵触しないように、業種や企業規模等の詳細は記載していませんので、その点はご了承ください。

まずは、採用活動に関するコンサルティングについてです。採用コンサルティングでは「人材要件の的確な言語化及び選考プロセスへの落とし込み」が重要視されるべき傾向です。

人材要件の的確な言語化

まず、「人材要件の的確な言語化」についてです。例えば「優秀な人材」というのは求める人材を言語化する際にしばしば登場する言葉です。では「優秀」とは何をもって優秀と言うのでしょうか。人により「優秀」の定義は異なることがしばしばあります。オーナー企業の社長が言う「優秀」な人材は、得てして「自分の思うとおりに動いてくれて結果が出せる人材」という意味合いだったりします。

また、採用面接でしばしば起こりがちなことですが、自分の部下として使いやすい応募者を「優秀な人材」として合格にするケースもあります。採用コンサルティングでは、このように会社の中でなんとなく使われている「求める人材」に関する表現を、曖昧な言葉ではなく的確な言葉で人材要件にします。そうすることで、採用活動に携わる人たちの間で、個々の応募者に関する評価の目線を揃える下地を整えます。

「人材要件の的確な言語化」に関して弊社が携わった一例には、まさしく「優秀」な人材とはどのような人材かについて、採用活動に携わる複数のキーパーソンにヒアリングし、その内容を網羅的・分析的かつ、現実の採用活動に利用可能な形で採用要件、面接時の質問項目に落とし込んだというものがあります。ヒアリングに際しては、採用面接時の目線や意識もさることながら、応募者が採用されたのちに周囲から評価されるケースとそうでないケースも押さえる等、採用活動の目的を外さずに進めます。結果的に、入社後に「どうも面接時の判断が違っていたね」という事態がほぼ皆無となりました。

選考プロセスへの落とし込み

次は「選考プロセスへの落とし込み」です。選考プロセスは、書類選考（履歴書、職務経歴書、エントリーシート等）、適性検査、面接、応募者（内定者）のつなぎ止め施策等の組み合わせからなります。中小企業では、選考に携わる従業員の負荷から、「書類選考を行い、その後、面接1回か2回で合否を決める」といったプロセスもみられます。

ここでよくみられる選考プロセスの問題は三つです。その三つとは、「選考プロセスが全体として設計されていない」、「面接官や書類選考担当者個々の判断基準が合否基準にしばしばすり替わる」、「運用負荷や現実的なスケジューリングが考慮されない採用業務になっている」というものです。そこで、「選考プロセスへの落とし込み」では的確に言語化された人材要件をベースに、三つの選考プロセスの問題を解決するように、変えるべき点を決めて具体的な改善案を決めます。

「選考プロセスへの落とし込み」に関して弊社が携わった一例には、「選考プロセス全体の再設計」、「面接官や書類選考担当者個々の判断基準のすり合わせ」、「運用負荷や現実的なスケジューリングを可能とする、効率的な面接手法の導入」をワンセットで行った案件があります。

特に、「選考プロセス全体の再設計」では、応募者が応募先の企業に対して抱いているイメージと、当の企業の入社後の実態とが乖離していたので、採用ホームページのリニューアル等の、応募者とのコミュニケーション面の改善も併せて行いました。この企業では、面接官が極めて多忙なために限られた面接回数で応募者の見極めを的確に行いたいという要望と、一方で急速な事業拡大に伴い採用人数を一定数確保する必要があるという、いわば「質と量の両立」が採用活動上の課題でしたが、解決することができました。

「人事制度コンサルティング」の傾向と対応例

次は人事制度構築ないし改定のコンサルティングについてです。「人材活用と報酬に関する整合的な仕組み化」がその要点なのですが、近年の経営環境や雇用の問題から難しさを増しているため、妥当な落としどころが難しくなってきています。

人事制度構築ないし改定に際して、中小企業が直面する検討ポイントの傾向は以下のとおりです。

①法改正や働き方改革、リモートワーク等の外部環境への対応
②人材・組織のマネジメント向上の促進
③評価制度改定と運用改善

④自社事業の急拡大に伴う人事制度の迅速な整備
⑤若手人材の登用・積極活用促進
⑥硬直的な賃金体系見直しによる報酬（総額人件費）の適正化
⑦就業規則をはじめとする人事関連諸規程の再整備

以上のうち、①から③は中小企業全般に当てはまる検討ポイントです。④、⑤は経営や事業の状態に大きく変化を来した中小企業が検討すべきポイントです。⑥、⑦は何十年と存続している会社で、人事制度改定・運用にあまり注力してこなかった中小企業が検討すべきポイントです。以下、各検討ポイントに関する対応例を簡単に記載します。

①法改正や働き方改革、リモートワーク等の外部環境への対応

この点は既に周知のこととは思いますが念のために触れると、「残業時間の規制」、「上司・部下がお互いに物理的に離れた状況で、特に部下側が自立的・自律的に業務

遂行する必要があり、かつ、上司側は部下のマネジメントを行わなければならない」という点を問われています。対応例としては、「できること、できないこと」を前提として押さえ、「環境変化に対応することでの施策とリスク」を丁寧に洗い出し、そのうえで制度化を図ります。

②人材・組織のマネジメント向上の促進

「マネジメントとは他者を通じて事をなすこと」という表現どおり、管理職は人材や組織のマネジメントが本来の役割です。管理職が一般の従業員よりも高い給与を得ているのは、管理職が人材や組織のマネジメントを担っているから、という「役割・機能への対価」とする考え方（職務等級制）が、近年特にクローズアップされています。そこで、年功的な報酬体系の会社が、職務等級制に「宗旨替え」するにあたり、どのように切り替えていくかが制度設計上の一つの課題となります。対応例は様々であり一概には言えませんが、「宗旨替え」をどの程度ドラスティックに行うかという方針決めが肝要です。

③評価制度改定と運用改善

最近では１ｏｎ１と言って、上司と部下との間での会話（対話）が流行りつつあります。管理職は、通常、一般社員の時に一定の業績をあげた結果として管理職に昇進していることが多く、よって、管理職の業務遂行能力は概して高い傾向にあります（年功的に昇格した管理職は別）。ただ、そのことと、部下との人間関係を構築し、部下から信頼をかち得ることができるか否かは別問題です。マネジメントについては「組織の結節点」、「他者を通じて事をなす」等の表現もあることから、要は、管理職は部下をはじめとする周囲との関係構築（信頼形成）ができることが必須ということです。

対応としては、評価制度改定において、評価項目見直しや評価手法改善は重要でありながら、より重要なのは評価制度の運用改善において、マネジメント（多くの場合一次評価者）が、部下との間で信頼関係を構築し効果的な指導や支援ができるようにすることです。

④自社事業の急拡大に伴う人事制度の迅速な整備

創業からあまり年数が経っていない企業の場合、中途採用による人材獲得が主であり、そのほとんどの場合、中途採用者の前職での給与総額（または年俸）かそれに近い額で採用しているでしょう。そこで、自社事業が急拡大していくと「パフォーマンスと報酬の不均衡」の問題が顕在化します。また、多くの場合、中途採用者の過去の業績や業務遂行能力を評価して採用するわけですが、現実には「こんなはずではなかった」という残念な従業員も出てきます。そうした事情から、人事制度を早急に整備する必要が出てきます。

対応としては、「ガチガチの制度設計」ではなく「運用や制度改定に柔軟性を持たせる制度設計」が必須です。大手企業から中小企業に転職してきた人事担当者によっては、かつて自分自身が所属した「大企業のガチガチの人事制度」しか知らず、そのまま成長著しい自社（中小企業）で同じような制度を導入してしまい、運用がうまくいかなくなる例が散見されます。

⑤若手人材の登用・積極活用促進

自社事業の急拡大、シニア層の大量退職（リストラを含む）等で、若手人材に、より活躍してもらわないと困る、という中小企業もあります。ただ、若手人材がそれまでと比較して急に活躍することは期待しにくいのと、若手人材にあまり高額な報酬を与えてしまうと人件費の総額が高止まりするリスクがあることから、慎重に制度設計を行う必要があります。

対応としては、金銭的報酬を与える際は、それが既得権益にならないような制度設計にすることです。また「非金銭的報酬」、例えば一定の期間、何かをしてよい権利（社内留学をする、一定の権限を与えて社内プロジェクトを実施できるようにする、社内講師を経験させるなど）を与えるやり方があります。

⑥硬直的な賃金体系見直しによる報酬（総額人件費）の適正化

不利益改定にならないように、いかに制度設計を行うかということが重要な論点ではありますが、硬直的な賃金体系の結果、特定の従業員層がそれ以外の層との間で相対的に得をしている構図になっていることが多く、賃金体系の見直しには専門的な対処が不可欠です。

対応としては、賃金体系や既存の従業員の給与所得一覧を確認しつつ、どの部分にメスを入れると、中長期的に人件費が適正化されるかを慎重に検証していきます。

⑦就業規則をはじめとする人事関連諸規程の再整備

中小企業の中には、そもそも規程（ルール）に基づいて日々の従業員の行動を律するという意識に乏しい会社も存在しています。例えば、勤怠に問題のある従業員に「何度も注意しているが一向に改善されず、その周囲からも不満の声が出ているがどうしたらよいか」という相談を受けたことがあります。

対応はシンプルで、会社の規程に照らし合わせて対処（何らかの処罰も含めて）すればよいのです。しかしながら、そうすることに踏み切れないでいるケースが現実に存在します。そのような企業では結果的に人事関連諸規程が形骸化しがちですので、会社の実情にマッチしなくなっている規程がそのまま放置されていることがあります。

つまり、単に人事関連諸規程の文言を見直すという表面的な作業ではなく、自社の現在や将来を見据えて、適切なルールづくり（再構築）とその運用改善を図ることが重要です。

「人材育成コンサルティング」の傾向と対応例

「人材育成コンサルティング」では、「公平性を担保したうえでの『優秀な人材』の定義・見極め・選抜育成」が要点となります。実例を鑑みるに、以下の八つの傾向を取り上げます。

①人材に対する教育投資の最適化を図りたい

もともと、多くの企業では、新卒への新入社員研修と新任管理職研修に優先的にコストが割かれる傾向がみられました。新卒の新入社員と新任管理職は、いずれも、それまでの立場から大きく変わるからと考えられます。そこで、会社によっては中堅層と言われる、入社4年目以降から管理職手前の人材への教育投資が手薄になっていることがあります。

対応例についてです。近年は先々の成長が期待できる中堅層にこそ教育投資のしがいがある、という考え方がしばしば重視され、まさに投資対効果を見極めつつ人材育成体系、研修実施プランを策定する例が増えています。

②従業員に必要な知識やビジネススキルを明確化したうえで人材育成体系を整備したい

専門知識のみに関して教育投資を行っていた企業が、「それではいけない」と気づいてこのようなニーズを持つことが増えてきています。

対応例についてです。無料でこの種の内容を入手したい場合は、法人研修を提供している企業に要望すれば、ある程度の内容のものが得られます。ただ、そうではなく、自社の経営や事業の在り方や組織・人材の特徴を踏まえた人材育成体系を構築したいという場合は、相当な分析力と各種知見が必須になってきますので、外部ベンダーに発注する際には相応のコストがかかります。

それを避けるべく、大手企業の中には自社の人材育成部門で人材育成体系を作成しているケースもありますが、専門的な見地からすると、精緻化が過ぎていたり、スーパーマンのような、現実的には存在しそうもない人材像をベースに描いているケースも見受けられます。そこで、内製で人材育成体系を作成する際には、それらの点に留意されることをお勧めします。

③管理職、一般社員を問わず、従業員がそれぞれの役割を全うできるように、個々の力量を高めてほしい

近年、企業も個人もより成果を求められる世相になってきているためか、成果を定義する際に必須の「役割」を明らかにしたいという傾向がみられます。

対応例についてです。役割を全うするには、まず役割の定義が必須です。また、その役割を遂行するうえで求められる、知識・経験・スキル・心構え等を明らかにする必要があります。

その後で、現実にそれら知識・経験・スキル・心構えを向上・強化するための手法（教育研修のみならず、職場での指導なども含め）を計画し、実行していくことになります。いわゆるＯＪＴ（On The Job Training）とＯｆｆ ＪＴ（Off The Job Training）です。ただし、ＯＪＴ計画が絵に描いた餅にならないように、いかに管理職層を巻き込むかが一つの重要テーマとなります。また「人を鋳型にはめるのか」という類の反発をする従業員も時に存在しますので、アプローチの仕方には注意が必要です。

④優秀な人材を抜擢して早期に会社の基幹人材に育て上げたい

一見すると分かりやすいテーマですが実は難題です。そもそも、優秀な人材とはどのような人材を指すのか、また自社の現在にマッチする人材を求めているのか、自社が将来的に必要とする人材を求めているのか等、しかるべき検討をすると悩ましい論点が多く出てきます。また、基幹人材に育て上げるという点に関して、「管理職のポストに空きが無い」、「いかに他の従業員や既存の管理職層の理解を得るか」等、現実的に少々厄介な障害もいくつか存在します。

ここでは「優秀な人材を抜擢して早期に会社の基幹人材に育て上げたい」というケースに関する対応について触れます。まずは「本当にそうする必要があるのか、なぜ、そのようにしていきたいと考えているのか」(動機)を吟味し、代替策を取ることが妥当と判断されればそのようにし、それでもやはり「優秀な人材を抜擢すべき」という結論の場合には、そのための方策を練ることをお勧めします。

⑤従業員の業務遂行の質やスピードを高めたい

前掲③の「管理職、一般社員を問わず、従業員がそれぞれの役割を全うできるように、個々の力量を高めてほしい」と類似のケースですが、「従業員の業務遂行の質やスピードを高めたい」というケースではパフォーマンス（業務上の成果創出やその効率性）向上が中心的な関心事である点が異なります。

よって対応としては、いわゆる仕事の進め方のスキル向上や、タイムマネジメントのスキル、作業効率を高めるための各種テクニックの強化等が、主な取り組み事項となります。

⑥従業員の課題設定／課題解決の力量を高めたい

「問題（課題）解決」、「プロジェクトマネジメント」、「戦略的思考」等々、多少の違いはあれ「行動する前に考えるべき事柄を考えておき、行動の質や要領を良くすることで、よりよい結果を得られる」ための思考力が求められているケースです。端的に言えば「成り行きで仕事を進める」、「一つひとつ決められた手順を踏んで業務遂行する」という業務上の行動習慣の対極がこれらの思考力ですので、実は企業の社風や組織的な業務遂行スタイルが、これらの思考力を従業員が習得するのを阻害していることがあります。

例えば「我が社では仕事の7割が調整作業で、その調整作業がとても重要です」という会社では、仮に課題設定／課題解決の力を用いようとしても、組織の力学の中では宝の持ち腐れとなりかねない現実があります。

以下は対応に関してです。大企業とは異なり、中小企業の場合、企業の社風や組織的な業務遂行スタイルは、経営トップや力のある管理職クラスのほうが変えていける余地が多々あると考えられますので、「従業員の課題設定／課題解決の力量を高めたい」場合、併せて企業の社風や組織的な業務遂行スタイルを検証し、改めるべきは改めるというのが良い結果を生みます。

⑦残業時間に上限を設けている中で、より高い生産性で従業員に仕事をしてもらいたい

残念ながら会社によっては、単に残業時間の上限のみを示し、「そこを超えないように仕事をしなさい」とだけ部下に伝える管理職がはびこっている向きも、あるようです。日本の製造業は一見して難題と思える製造上の問題であっても知恵と技術と組織力とで解決する傾向があると思われますが、残業に関する問題ではそのような傾向とは異なり、個々の従業員任せになっている会社も多々見受けられます。いわゆるホワイトカラーの生産性向上のための方法はいくつか存在しますが、ここでは「仕事の優先劣後を組織的に明確にすること」を取り上げます。

例えば、真面目な経営者、真面目な従業員が多い会社では、「すべきことはきちんとしなければ」とばかりに、すべき業務が増えていく傾向が見られます。一方で時間は有限なので必然的に業務量が溢れてしまいがちです。

そこで、仕事の優先順位（すべきこと）のみならず劣後順位（しないこと）を明確に決めることが、その対応に際して必要不可欠になってきます。「しないこと」と言っ

ても未来永劫取り組まないということではなく、「今月は○○業務に注力し、一方で△△業務は保留にし、次月に片付ける」というようにします。生産性向上を図る際には、個々の従業員の能力向上のみならず、個々の従業員が置かれている環境向上も必要であるということです。

⑧専門知識、技能を次の世代に継承できるように、社内教育や指導体制を整えたい

このケースは特に年配の層が一斉に退職してしまい、後に残っているのは業務経験が浅い若手や、既に業務が手一杯の中堅層ばかりというような会社にみられます。もっとも、そうなってしまってからでは時すでに遅し、なので、当然ながらそのような事態に陥る前から検討していたが、なかなか思うようになっていない、というお悩みがしばしば聞かれます。

「俺の背中を見て育て」というアプローチで育てられた世代も未だにビジネスの第一

線で活躍している現在では、「教育指導の方法論をベースに、言葉を用いて専門知識、技能の継承を図る」というのはすぐには難しい問題かもしれません。

対応に関してですが、最近はむしろＡＩやＲＰＡ（ロボティック・プロセス・オートメーション。業務効率化や生産性向上を図るテクノロジー）の力を借りて、業務の省力化や効率化を果たしている企業が増えている事実を考慮するとよいでしょう。状況によってはＡＩ、ＲＰＡ導入のほうが「専門知識・技能継承のための社内教育、指導体制の整備」よりも費用対効果やスピードの観点で優ることも考えられますので、このケースに関してはフラットな目線で検討されることをお勧めします。

「組織力強化コンサルティング」の傾向と対応例

「組織力強化コンサルティング」では、「自社・自部署内部のベクトル合わせと足元の行動の接続・統合」が要点（対応における肝）ですが、この点は言うは易く行うは難しというものですので、自社全体または特定部署に関して、以下の八項目のいずれかに該当する時は、組織力強化コンサルティング導入を検討されることをお勧めします。

- 今後の経営・事業の方向性を鑑みるに、自社の方向性（ベクトル）を組織として明確にして、その方向性で経営をしていきたい
- 企業理念やビジョンという「きれいごと」にも捉えられかねない内容を、日々の業務に根付かせたい

- 自社の企業風土に、活力・活気を与えて、働きがいのある会社にしたい
- 従業員が長く安心して働き続ける会社にしたい
- 業績目標をいかに日々の行動とリンクさせて、業績達成していくかというシナリオや仕組みを構築したい
- 自社の成長に伴い顕在化してきている「一部の従業員への負荷増大」、「業務の属人化」、「頻発するトラブル」等の問題を解決したい
- 部署間の対立や連携の悪さを解消したい
- 自社の成長（または生き残り）のために「自社固有の強み」を明確にしたい

以下、これらの八項目の個々について言及はせず、最も本質的な「自社・自部署内部のベクトル合わせと足元の行動の接続・統合」に関する傾向と対応例を記載します。

「自社・自部署内部のベクトル合わせ」は、要は企業理念、経営方針、事業方針、部署方針等々の「言葉」です。この「言葉」自体を決めることはそれなりに難しさがあるものの決めることはできます。ただ、問題は、そのような「言葉」が「足元の行動」、つまり日々の業務行動や、組織内でのコミュニケーション等と、違和感や矛盾なくつ

ながるものか、またはそれら業務行動やコミュニケーションをまとめ上げる（統合）ものか、という点が重要です。

複数社におけるそれぞれの内製で筆者が実際に見聞きした取り組みにおいては、予定のスケジュールよりも大幅に遅延して「言葉」を決めたものの、文字どおり「それっきり」になった、という点が共通しています。そのようになってしまった原因はいくつかありますが、その一つに、「足元の行動」に関する、実践可能な指針（バリュー、行動規範と呼ばれるもの）を企業理念等々の「言葉」とセットで決めておかなかった点が挙げられます。このバリューは理想と現実を接続するという意味において極めて重要ながら、しばしばぞんざいに扱われるのが、筆者としてはとても残念です。

バリューを決定する（適切な内容、言葉を見つける）対応例としては、日常の「あるある」を関係者間で話し合って洗い出すことです。例えば、以下のようなものです。

- 「残業しないようにと言われる割に、月末になると急に上層部からの指示があれこれと増えて、結果、残業が増えているよね」
- 「イノベーション発想を持てと言われているけど、この一年、何も変わっていないよね」

- 「リモートワークでいいねって他部署の人から言われるけど、上司に相談できる機会が減って困っているよね」

このような「あるある」を「ではどうすれば理想的な方向に変えていけるのか」というところから、変革力を持つバリューができてきます。

また、当然ながらそれらバリュー、行動規範が根付いていく取り組みも必要不可欠です。かくのごとく、組織力強化は、深いレベルでの検討や、たゆみない地道な取り組みが必須です。

人材力・組織力強化に向けて第一歩を踏み出す

本書は、人材力・組織力強化を真剣に検討される中で、実際に何をどのように進めていけばよいかに関しての手掛かり、答えを必要とされている方に向けて書かれたものです。本書のここまでの内容が、その意味で有益な内容になっていることを願うばかりですが、最後に、人材力・組織力強化に向けて第一歩を踏み出されるにあたり必要と思われる内容を記載します。

人材力・組織力強化の具体的ステップは、いわゆるPDCAサイクルに沿って進めていくことになります。PDCAサイクルとは、P（計画）、D（実行）、C（検証）、A（再実行）という一連の仕事の進め方のことです。そこでP（計画）では、以下のことを行います（以下、本書のここまでの内容を、社内でプロジェクトとして決裁される部分に絞って簡略化して記載しています）。

- 事業上または業務上の重要テーマと求める結果を言葉にする
- 求める結果の実現に際して必要な人材要件・組織要件を言葉にする
- 上記と併せて、取り組み内容・期間・人員・費用も決定し、プロジェクト（案件）として社内決裁を取り、取り組みをスタートさせる

以上のようにすることで取り組みやすく効果も分かりやすくなります。そして、外部ベンダーを用いることをP（計画）段階から決めている場合は、計画に関する素案作成段階から外部ベンダーを関わらせると良いでしょう。そうすることで「自社に寄り添って共に考え、動いてくれる」外部ベンダーか否かの見極めがつくようになります。

人材力・組織力強化は「重要視はされるが現実の企業経営では優先順位を下げられることが往々にしてある」取り組みです。人材力・組織力強化を、今このタイミングで検討しているのは、実は、人材や組織の問題が「重要かつ緊急」になってしまって

いるからかもしれません。自社のみで取り組むか外部ベンダーを活用するかはともかくとしても、まずは、人材力・組織力強化に向けたアクションを取りましょう。

第5章 まとめ

◉人材力・組織力強化の取り組みを実行し自社を変革する際に注意すべきは「『真の問題点』に気づかないか、または気づいていても何らかの理由でその実践が阻害されがち」な点であり、また、それは外部ベンダーの活用時には回避しうる点である

◉外部ベンダー選定時は、「中小企業特有の事情を踏まえた対応への柔軟性」、「コア・コンピタンスに裏打ちされたサービスの提供可能性」、「人材力・組織力強化のために真摯な対話ができるか」等の観点を用いる

◉「採用コンサルティング」、「人事制度コンサルティング」、「人材育成コンサルティング」、「組織力強化コンサルティング」の各傾向と

対応例を参考に、外部ベンダー活用時の人材力・組織力強化のイメージをつける

◉人材力・組織力強化の第一歩を踏み出すにあたり、PDCAサイクルを回すべく、プロジェクト（案件）として必要な事項を明確化し、社内決裁を取り、取り組みをスタートさせる

◉人材力・組織力強化は「重要視されるが現実の企業経営では優先順位を下げられることが往々にしてある」取り組みであるものの、今このタイミングでその検討をしているということは「重要かつ緊急」の問題となっている可能性があるので、まずは人材力・組織力強化に向けたアクションを取るべき

人材力・組織力強化アクションリスト❺

以下のリストに沿って、自社の人材力・組織力強化に向けての取り組みを開始する際の検討や意思決定、アクションを行いましょう

- ☐ 「真の問題点」を見極めるべく（外部ベンダーに実際には発注しないとしても）、外部ベンダーに人材力・組織力強化に関する相談を持ちかける
- ☐ 「真の問題点」が存在した場合、今一度、自社人材のみでの取り組みか、外部ベンダーを活用すべきかを検討し、意思決定する
- ☐ 人材力・組織力強化に関して、「できない理由」を列挙し、それらが「行うべき理由」であることを確認する（行わないままでいるとどのようなデメリットやダメージを自社が被るかを想定する）

（下記は、外部ベンダー選定時に取るアクション）

- ☐ 「中小企業特有の事情を踏まえた対応への柔軟性」、「コア・コンピタンスに裏打ちされたサービスの提供可能性」、「人材力・組織力強化のために真摯な対話ができるか」等の観点を用いる
- ☐ 大手ベンダーへの発注を検討している際には、「大手ベンダーに発注する際のチェックポイント」を必ず押さえる（大手ベンダーの担当者に直接聞く）
- ☐ 外部ベンダーに提供されるサービスの “Before/After” を確認する
- ☐ 人材力・組織力強化のテーマに関する多様な質問を投げかける
- ☐ 「採用コンサルティング」では、人材要件の的確な言語化、選考プロセスへの落とし込みの必要性、及び、それぞれの詳細を必要に応じて検討する（外部ベンダーに概要案を提示させる）

人材力・組織力強化アクションリスト❺

- □「人事制度コンサルティング」では、以下の傾向への対応が必要か否か、及び、それぞれの詳細を必要に応じて検討する（外部ベンダーに概要案を提示させる）

  ①法改正や働き方改革、リモートワーク等の外部環境への対応

  ②人材・組織のマネジメント向上の促進

  ③評価制度改定と運用改善

  ④自社事業の急拡大に伴う人事制度の迅速な整備

  ⑤若手人材の登用・積極活用促進

  ⑥硬直的な賃金体系見直しによる報酬（総額人件費）の適正化

  ⑦就業規則をはじめとする人事関連諸規程の再整備

- □「人材育成コンサルティング」では、以下の傾向への対応が必要か否か、及び、それぞれの詳細を必要に応じて検討する（外部ベンダーに概要案を提示させる）

  ①人材に対する教育投資の最適化を図りたい

  ②従業員に必要な知識やビジネススキルを明確化したうえで人材育成体系を整備したい

  ③管理職、一般社員を問わず、従業員がそれぞれの役割を全うできるように個々の力量を高めてほしい

  ④優秀な人材を抜擢して早期に会社の基幹人材に育て上げたい

  ⑤従業員の業務遂行の質やスピードを高めたい

  ⑥従業員の課題設定／課題解決の力量を高めたい

⑦残業時間に上限を設けている中で、より高い生産性で従業員に仕事をしてもらいたい

⑧専門知識、技能を次の世代に継承できるように、社内教育や指導体制を整えたい

□ 自社または特定部署に関して、以下の８項目のいずれかに該当する時は、「組織力強化コンサルティング」導入を検討する

・今後の経営・事業の方向性を鑑みるに、自社の方向性（ベクトル）を組織として明確にして、その方向性で経営をしていきたい

・企業理念やビジョンという「きれいごと」にも捉えられかねない内容を、日々の業務に根付かせたい

・自社の企業風土に、活力・活気を与えて、働きがいのある会社にしたい

・従業員が長く安心して働き続ける会社にしたい

・業績目標をいかに日々の行動とリンクさせて、業績達成していくかというシナリオや仕組みを構築したい

・自社の成長に伴い顕在化してきている「一部の従業員への負荷増大」、「業務の属人化」、「頻発するトラブル」等の問題を解決したい

・部署間の対立や連携の悪さを解消したい

・自社の成長（または生き残り）のために「自社固有の強み」を明確にしたい

人材力・組織力強化アクションリスト❺

- □ 「組織力強化（コンサルティング）」では、深いレベルの検討やたゆみない地道な取り組みをいかに行うかを具体化する
- □ 本書記載の内容を参考に、人材力・組織力強化に向けた、何らかのアクションをまずは取る

本書ご購入者様限定

読者特典

以下のURLから「1時間無料相談」に
お申し込みいただけます。

https://core-integrity.co.jp/special/

※この特典は予告なく変更・終了する場合があります。
あらかじめご了承ください

【著者略歴】

清水 裕一（しみず・ゆういち）

株式会社コアインテグリティー代表取締役／米国 Gallup 社 Gallup 認定ストレングスコーチ、一般社団法人日本 MBTI® 協会 MBTI® 認定ユーザー（Japan-APT 正会員）、一般社団法人日本アンガーマネジメント協会® アンガーマネジメントファシリテーター®・アンガーマネジメントコンサルタント®

1992 年、早稲田大学第一文学部社会学専修卒業。アンダーセンコンサルティング（現アクセンチュア株式会社）入社。その後、ザ・ヒューマン株式会社（現ヒューマンアカデミー株式会社）を経て、2000 年に株式会社リンクアンドモチベーションに、同社初のコンサルタント採用選考で、250 名を超える応募者から採用された 4 名の中の 1 名として合格し入社。同社で採用・人事制度・人材育成・組織開発の各種コンサルティング等を手掛け、創業期の中心的メンバーとして活躍。経済産業省「社会人基礎力」の初期企画、概念設計にも携わる。2007 年、アルー株式会社にて、研修プログラムの企画・開発の責任者として様々な顧客企業に適した研修プログラムの提供を行う一方、組織開発コンサルティング、営業力強化支援コンサルティング、外部パートナー講師指導、研修講師等を担当。研修講師としては年間 100 登壇以上をコンスタントに務める。2015 年、株式会社コアインテグリティーを創業。某国内最大手電機メーカーへの知識体系提供をはじめとする大手企業向けの各種コンセプト策定を手掛ける一方、日本の中小企業の健全な成長・発展を支援すべく、事業戦略・事業計画立案支援、採用・人事制度・人材育成・営業力強化等の各種コンサルティング及びビジネススキル研修を中心とする各種研修プログラムを提供。

人《じん》材《ざい》力《りょく》・組《そ》織《しき》力《りょく》強《きょう》化《か》アクションリスト

2021 年 6 月 11 日　初版発行

発行　**株式会社クロスメディア・パブリッシング**

発行者　小早川 幸一郎

〒151-0051　東京都渋谷区千駄ヶ谷 4-20-3 東栄神宮外苑ビル

https://www.cm-publishing.co.jp

■本の内容に関するお問い合わせ先 …………………… TEL (03)5413-3140 ／ FAX (03)5413-3141

発売　**株式会社インプレス**

〒101-0051　東京都千代田区神田神保町一丁目 105 番地

■乱丁本・落丁本などのお問い合わせ先 ……………… TEL (03)6837-5016 ／ FAX (03)6837-5023

service@impress.co.jp

（受付時間 10:00 ～ 12:00、13:00 ～ 17:00 土日・祝日を除く）

※古書店で購入されたものについてはお取り替えできません

■書店／販売店のご注文窓口

株式会社インプレス 受注センター ……………………… TEL (048)449-8040 ／ FAX (048)449-8041

株式会社インプレス 出版営業部……………………………………………… TEL (03)6837-4635

カバーデザイン　佐伯鈴香（TANK 株式会社）　アートディレクション　平野隆則（TANK 株式会社）

本文デザイン・DTP　荒好見　校正　くすのき舎

印刷・製本　株式会社シナノ　ISBN 978-4-295-40554-2 C2034